3CN SPEED AND FRICTION
the Catalunya Circuit City

Kas Oosterhuis • Ilona Lénárd • Alberto T. Estévez
Affonso Orciuoli • Christian Babler Font
Michael Bittermann • Natalia Botero
Maruan Halabi • Gijs Joosen
Amanda Schachter
Miquel Verdú

BCN Speed and Friction, the Catalunya Circuit City is a cooperation between:

ESARQ - Universitat Internacional de Catalunya
Delft University of Technology - Hyperbody Research Group
ONL [Oosterhuis_Lénárd]

Editing and graphic design
ONL [Oosterhuis_Lénárd]
www.oosterhuis.nl
Sarah Niesert
Sebastián G. Ramón
David Milam
Dieter Vandoren

Photograph credits
ONL [Oosterhuis_Lénárd]
Participating Students

Still images taken from video
Elsbeth van Noppen

Certain images have been taken from the network,
and it has not been possible to locate its authors

English-Spanish Translation
Dulce Tienda Martagón
Servicio de Idiomas
Universitat Internacional de Catalunya

Publishing Coordinator
Affonso Orciuoli

ESARQ (Escola Tècnica Superior d'Arquitectura)
Universitat Internacional de Catalunya (UIC)
Calle Inmaculada, 22, 08017-Barcelona
tel: 00-34-932 541 800, fax: 00-34-932 541 842
www.unica.edu/esarq

ISBN: 0-930829-53-0
Printed in Spain

Lumen, Inc. / SITES Books
40 Camino Cielo
Santa Fe, New Mexico 87506 USA
SITES Books is part of Lumen, Inc., a non-profit, tax-exempt cultural organization.

Distributed: Consortium Book Sales and Distribution
www.cbsd.com
800 283-3572

INTRODUCTION

KAS OOSTERHUIS
008 BCN SPEED & FRICTION WORKSHOP @ ESARQ
034 TALLER BCN SPEED & FRICTION @ ESARQ

MICHAEL BITTERMANN
045 THE APPLICATION OF THE HYPERBODY PARADIGM
052 LA APLICACIÓN DEL PARADIGMA DEL HYPERBODY

AMANDA SCHACHTER
055 DIARY OF A TRAVELING TUTOR
066 DIARIO DE UN TUTOR ITINERANTE

ALBERTO T. ESTÉVEZ
073 THE FASCINATION OF SPEED IN
     ARCHITECTURE AND DESIGN
077 LA FASCINACIÓN DE LA VELOCIDAD EN
     LA ARQUITECTURA Y DISEÑO.

MIQUEL VERDÚ
081 SURFACE MODELING
089 EL MODELADO DE SUPERFICIES

AFFONSO ORCIUOLI
092 DIGITAL TOOLS: INFORMATION SYSTEMS APPLIED TO
     ARCHITECTURE
095 DIGITAL TOOLS: LA APLICACIÓN DE SISTEMAS DE INFORMACIÓN
     A LA ARQUITECTURA

MARUAN HALABI
097 RAPID PROTOTYPING
102 RAPID PROTOTYPING

NATALIA BOTERO
107 DIGITAL FABRICATION/
    CAD-CAM PROGRAMATION
114 FABRICACIÓN DIGITAL/
    PROGRAMACIÓN CAD-CAM

GIJS JOOSEN
119 IT´S ALL ABOUT CONTROL - A FREE FORM
    3D MODELING TUTORIAL IN 3D MAX/VIZ.
127 EL CONTROL ES LA CLAVE -
    CLASE PARTICULAR SOBRE MODELADO 3D
    DE FORMAS LIBRES EN 3D MAX/VIZ.

CHRISTIAN BABLER FONT
130 INTRODUCTION TO DRIVING TECHNIQUES
135 INTRODUCCIÓN A LAS TÉCNICAS DE
    CONDUCCIÓN

ILONA LÉNÁRD
138 POWERLINES
145 LÍNEAS DE FUERZA

CATALUNYA CIRCUIT CITY. C³
149 DYNAMIC & STATIC
SECTOR/ G01

155 BIOMECHANICAL RESEARCH CENTER
SECTOR/ G02

161 IN-FLOWS - PROJECT RENAULT
SECTOR/ G03

164 SPEED IS RELATIVE
SECTOR/ G04

169 PROJECT SEAT
SECTOR/ G05

173 COMMUNICATION CENTER - PROJECT ORANGE
SECTOR/ G06

175 SKIN - PROJECT FERRARI
SECTOR/ G07

180 SPEED & SOUND
SECTOR/ G08

183 X-PERIMENTARIUM
SECTOR/ G09

187 TIME IS A CRITICAL FACTOR
SECTOR/ G10

193 FAST RESORT
SECTOR/ G11

197 THE GLOVE
SECTOR/ G12

200 **SECTOR/ G13**

202 UN RITMO DIFERENTE
SECTOR/ G14

First history of the ESARQ Vertical Workshop

Shown beyond a doubt since 1996... Throughout these last few years of renewing our educational and investigational resources... Especially for the advanced updating of the proper media that lead to today's profile of an architect... It can be rightly said that the foundation of the ESARQ (Escuela Técnica Superior de Arquitectura) at the Universitat Internacional de Catalunya in Barcelona comprises the creation of the most innovative university initiative within the architectural field during the turn of the 21st century

One such action is the creation of the Vertical Workshop, which is naturally integrated into the required study plan but breaks the conventional subject mould that teaching has been organised into for far too many decades, even centuries. Here the whole School is united as one body, pulling students out of their summer torpor to get them into shape in just a few days. Each year an external director is carefully selected to this end, in collaboration with another related institution, thereby polarising all the power of the ESARQ toward the topic of research.

The result is spectacularly exciting. An entire building has been converted into a gigantic studio. A hotbed of fevered activity all on behalf of one project. Divided up into small work teams, with a mix of courses and experience. Each one associated with a different professor, who also acts to stress their concentration

INTRODUCTION

still further. Interwoven with invited lectures that illustrate and vectorise the work. Everything unfolds in precious few days, which is in fact crucial to success (whatever the its measure, the time available -like the space- is always a positive weapon: someone who spends their energy complaining, or thinking an encyclopaedic space more fitting to develop what can be said in one intense article, is never going to be able to win the Pulitzer).

Of course, if the resulting live arguments could be collected together in Aladdin's lamp, the tremendous *friction*, the reflections provoked in an entire school that has been launched at top *speed* toward the key topic at hand, each of its annual editions driven by some of the most selected Formula 1 drivers in architecture, History would be made. No one with the stuff to become an architect can come through something like that unharmed.

So collected in these pages, then, for the first time, is a hint of what comprises one of these Vertical Workshops at the ESARQ. This one is the seventh edition, from the year 2003, under the guidance of Kas Oosterhuis and his Hyperbody Research Group at the Delft University of Technology. On these pages you will find the presentation of the project,

its established direction, some of the interventions, the planned conceptual staging and its development, including the methodology, the project and production media, and the justification for the project, its results and the ideas that came out of it. With a demonstration in several of its chapters of the technological commitment by ESARQ (and the Vertical Workshop) available to work done here, which today is ultimately the natural and cohesive way that digital, automated architecture should be constructed.

Take note of the end; it would be a shame for the reader to take up this book with the idea that there is just a simple students' workshop behind it, without an interest in educational methodology and research. On the contrary, this is an excellent occasion to understand how important it is to see this topic here treated on its own terms, seeing all of the framework proposed and argued over, independent of the context in which it has been placed, seeing the interwoven glances, some of them kindly, others perverse. Seeing is believing.

Alberto T. Estévez
Director, ESARQ

Primera historia del Taller Vertical ESARQ

Demostrado con creces desde 1996… A lo largo de todos estos últimos años de renovadoras acciones docentes y de investigación… En especial, por la avanzada puesta al día de los medios que llevan al perfil de arquitecto que realmente se corresponde a nuestros tiempos… Con justicia, bien podría llegar a decirse que la fundación de la ESARQ (Escuela Técnica Superior de Arquitectura) de la Universitat Internacional de Catalunya, en Barcelona, ha supuesto la creación de la iniciativa universitaria más innovadora en el panorama de la arquitectura del cambio de siglo del XX al XXI.

Una de tales acciones, integrada naturalmente en un plan de estudios obligatorio pero que rompe los moldes de las asignaturas convencionales en que se organiza la enseñanza desde hace demasiadas décadas y hasta siglos, es la realización del llamado Taller Vertical. En él toda la Escuela unida, a la vez, como un solo cuerpo, arranca el curso del sopor estival con que llega el alumnado, para ponerse a punto en pocos días. Para ello, cada año se selecciona cuidadosamente un director externo, en colaboración con otra institución relacionada, polarizándose entonces toda la potencia de la ESARQ con el tema a investigar.

Lo que resulta es emocionante y espectacular. Todo un edificio convertido en gigantesco taller. Hervidero de actividad enfebrecida, en pro de un único proyecto. Repartidos en pequeños equipos de trabajo, donde se mezclan los cursos y las experiencias. Asociados cada uno a un profesor distinto, que también actúa para enfatizar todavía más la concentración. Hilados con conferencias invitadas que ilustran y vectorizan el trabajo. Todo desplegado en bien pocos días, que de hecho es crucial para el éxito (sea cual sea su medida, el tiempo disponible -como el espacio- es siempre una baza positiva: el que se queja desinflando energía o considera más adecuado el espacio de una enciclopedia para desarrollar lo que se pide en un intenso artículo nunca podrá ganar el Premio Pulitzer).

Desde luego, las discusiones en vivo ahí surgidas, la tremenda *fricción*, la reflexión por esta provocada, de una escuela entera lanzada a toda *velocidad* en torno al tema clave de turno, conducida cada una de las ediciones anuales por alguno de los más selectos pilotos de la Fórmula 1 de la arquitectura, si pudiera recogerse todo ello como en lámpara de Aladino, se haría Historia. Nadie que tenga de verdad madera para llegar a ser arquitecto puede salir indemne de algo así.

Pues bien, en estas páginas -por primera vez- se recoge apenas un reflejo de lo que supone uno de estos Talleres Verticales de la ESARQ. En este caso el de la séptima edición, el del año 2003, bajo la guía de Kas Oosterhuis y su Hyperbody Research Group de la Delft University of Technology. Desfilarán pues por estas hojas su presentación, la dirección establecida, algunas de las intervenciones, el escenario conceptual planteado y desarrollado, que incluye también la metodología, los medios proyectuales y de producción y su razón de ser, resultados e ideas surgidas. Con una muestra también desde diversos de sus capítulos de la apuesta tecnológica con que se dota el trabajo en la ESARQ (también el del Taller Vertical), que es al fin y al cabo la manera natural y coherente con que hoy día se debe construir robotizada la arquitectura digital.

Y al final, atención, sería una pérdida para el lector coger este libro desde la perspectiva de que detrás hay un simple taller de alumnos, a no ser que tenga un interés por la metodología docente y de investigación. En cambio, es ocasión más que aprovechada entender que lo importante es ver el tema aquí tratado en si mismo, ver todo el entramado propuesto y discutido, con autonomía del contexto en el que se ha ubicado, ver el entrecruzarse de miradas, bondadosas unas, perversas las otras. Ver para creer.

Alberto T. Estévez
Director de la ESARQ

008

>> KAS OOSTERHUIS >>

BCN SPEED & FRICTION WORKSHOP @ ESARQ

KAS OOSTERHUIS
Principal ONL [Oosterhuis_Lénárd] www.oosterhuis.nl
Professor at the Faculty of Architecture TU Delft
Director of the Hyperbody Research Group and Protospace Lab [1]

TEMPORARILY TRANSFORMATION OF THE CITY

We all know the example of Monaco. The city of Monaco transforms once a year to host a Formula 1 race. The existing streets are reconfigured as to form the race-track. Otherwise busy boulevards full of tourists, a tunnel giving access to the Congress center, winding lanes curving uphill from the Mediterranean Sea to the residential areas of the rich and famous. Mass-produced cars are flocking the streets, sunny people are spending their time and money on predictable pleasures. Monaco functions all year round as any other seaside city, but once a year it steps beyond its daily routine and – seemingly out of the blue - attracts a different species of trucks carrying a curious type of powerful motorized insects. Having reaching their destination close to the yachts in the harbor heavily textured powerful machines are being unloaded and placed on the asphalt. What is happening here? The city closes some stretches of the streets to the public and creates an internal loop exclusively for the invited insects. These colorful monsters start their engines, uttering screaming sounds until then unheard of, seemingly alien to the concise body of the city. While the bodies explore the closed loop, the people otherwise walking in that very asphalt are now drawn to the external perimeter of the track. The spatial arrangement of people, cars, hosts and guests is for a short period completely changed. The city has been temporarily reconfigured.

In general terms the city of Monaco hosts an event, like any other city hosts bigger or smaller events eventually.

Each year Monaco gathers energy and mobilizes the resources to resurrect event-structures as to make the event happen. Like Monaco each city knows how to host weekly, monthly, annual or biennial events. Each city, bigger or smaller is an event-city. That event-city attracts particles of various kinds from a bigger surrounding; it swallows information, food, energy, and people. Each city breathes in and out, a parasiting on the surrounding environment, either on the immediate environment for smaller events, or the environment at large [the world] for events like the Formula 1 races.

Ingredients from all over the world are transported to Monaco as to make the spicy Formula 1 dish.

PERMANENT TRANSFORMATION OF THE CATALUNYA CIRCUIT INTO C³

For the BCN Speed & Friction workshop at the ESARQ (Universitat Internacional de Catalunya) we have proposed the reverse development. The existing race circuit of Catalunya 30km outside of the inner city of Barcelona will be transformed into a daily functioning city. The yearly event will form the generator for further social complexity: a circuit hosting a city. The existing asphalt loop will attract new activities on a year round basis. How can we charge the circuit with such power to

>> F1 @ MONACO >>

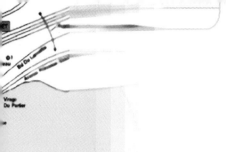

our inventions, test them against the reality of the world, and send signals back to us if it resonated or not. We must keep our senses open to society's response and prepare for follow-up interventions. The Catalunya Circuit City [let's call it C³] originated from the BCN Speed & Friction studio is a serious design game. The publication of C³ in the form of this book and on the Speed & Friction website [2] communicates the concept to the world, embeds it not only in the minds of the participating students, tutors and guests, but also to the thousands of readers and navigators of the world wide web.

>> RECONFIGURATION OF MONACO CITY>>

become a major attractor for urban life? What kind of city will emerge from that power battery? What sort of activities could be suited to make this bold transformation from circuit to city feasible? Can the circuit be charged by the strength of an urban concept alone? How excessive can be the power of a design proposal? Will it be powerful enough to have influence on the real case of the Catalunya City? Are we tutors and students alike dreaming in a parallel world, or could we indeed change the course of the information flow in our actual society in such a way that it eventually might happen? For now the team of tutors together with a bunch of hyper-active members of the ONL office in Rotterdam and my Hyperbody Research Group of the TU Delft have been thrifting for 10 days - together with 250 students from the ESARQ University and a dedicated group of traveling tutors from Spain and Italy – in the great illusion that it really might happen. Society at large will judge

SPEED AND FRICTION
Writing these lines in the Thalys Train of Grande Vitesse with a speed of nearly 300 km/h I notice that my perception of the world changes with the increasing speed. I feel a different relation between myself, the bullet train and the landscape. It feels like riding extra long waves, navigating a spline curve trajectory, slowly bending up and down the spline, delicately bending the spline sideways right and left. Stitching the sleepy hills of the landscape into a even sleepier sequence of cuddling treatment of the transported human body. Riding the French landscape at high speed feels like a different friction: connected to a new meta-landscape, flying low somewhere between earth and clouds, it kind of feels like being lifted off the tracks.

0011

>> CATALUNYA CIRCUIT >>

The Formula I driver reaches similar speeds on much narrower tracks and sharper curves then the TGV trajectory. The river accelerates to the speed of the bullet train, in an environment which seems more suited for slow traffic like bicycles. It features similar curves as the winding lanes in public parks, designed for strolling down the lanes at a quiet pace. Speed, curves and hence friction boosted simultaneously, applying extreme G forces to the tossed around driver. Seeing a video of the Formula 1 driver you feel sorry for the guy and admiration at the same time for this heroic behavior in his narrow torture chamber, challenging the sharp curves, scratching the asphalt, excited about the bold friction his body is going through when navigating the circuit. Now imagine yourself to be the skin of the rubber tire. You feel the friction. You feel the heat. Your rubber skin is scratched by the asphalt due to the speed of the rotation and the power of the traction. Your endurance will be tested while you are rotating with over 40 rotations per second. You leave rubber traces on the asphalt. You inscribe the track. The track, the power of the machine, and the tires all belong to one system. There would not have been asphalt if there were no tires. There would not been powerful machines if there were no asphalt tracks. Tires, race-car and track belong to one system. If the tires are hot, so are the inscriptions on the track. Tire and track exchange information in the form of heat and

rubber. Speed and friction belong to one system. There is no speed without friction. There is no speed of information without the channels, hubs and wires to regulate the speed of the information flow. There is no heat without materials to transfer the heat to other stuff. There is no traffic flow without tracks, cars, drivers and a set of rules operating on the players of the automotive mobility system.

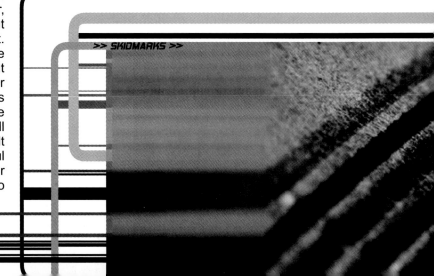

>> SKIDMARKS >>

PEOPLE IN SPEED

How is speed experienced by an individual person? Imagine yourself walking the streets. You lift your feet one after the other, but you never lose touch with the ground. Now, speed up, and you will find yourself flying during the intervals of your feet touching the ground. You are in another mode of relating to the fixed ground. You are in speed. You see the environment differently, you vision gets blurred, you concentrate more on the process of running then on the environment. Take this to the extreme, and the person in extreme speed delaminates from the speed of daily life. A person in speed is very aware of its own body, [s]he lives in a world of imagination, and eventually loses touch with the immediate

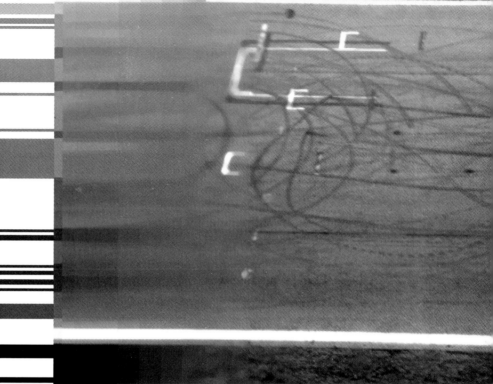

environment, [s]he is creating an increasingly isolated situation, only communicating through narrow information bands. People in speed let only limited information into their bodily system. If you on the contrary are slowing down your pace, and you sit [and read the paper or watch TV] you are not aware of your body at all, and the media are taking over the control over your body. You let the information stream freely without much friction into your system.

VEHICLES [OPERATED BY PEOPLE] IN SPEED

What if that person takes place behind the steering wheel of a vehicle? Then the vehicle acts as the body - including the driving person, who basically functions as an operator - and takes the body in speed to another extreme. Vehicles in speed lose direct contact with the environment and need instruments and sensing devices to measure and control circumstances as they rapidly change. Vehicles in speed thus develop a specific form of information exchange with the environment. The vehicle body builds up a special relation to the asphalt [in the case of a race car], it wants to leave ground but when speeding up it starts building up a field of attraction. The Formula I car is pulled back to the asphalt through downforce created by the speed of the car and builds up a force field between the bottom of the car and the track. Why is the bottom of the traditional car always black like burnt coal, and not designed like the rest of the body? Why does it look like a beetle with colorful wings on the back but with black and flat ugly and dirty bottom? Is it black because of the friction between body and earth? Is it black because we are not really going to see it and our eyes do not need visual pampering? Thinking about the dynamic relation between car body and the road one can not treat the bottom as a flat rugged surface; the bottom must be prepared to perform the special relationship.

BUILDING BODIES DESIGNED IN SPEED

In the end the basement of buildings must be treated as a mature surface of the building body as well. Why is it that architecture usually stops just above ground? Knowing that a good percentage of nowadays building construction is actually below the surface of the earth, still underground architecture has not yet been regarded as something which can develop a shape. There simply is no mature theory yet about the relation of the bottom of the

>> DRIVERS PERSPECTIVE >>

building with the earth. All architecture theories are dedicated to the visual part of the construct, leaving out a large portion of the total investment. It is about time to develop a strategy which includes all aspects of the building; including the bottom, including installation and including augmented realities. The clue to this badly needed theory may come from the notion of designing buildings in speed. Working with the calculation speed of computers we design buildings in the speed of the calculation process. In other words we can construct very complex weightless worlds in a fraction of the time needed to produce a traditional drawing. This fact has a big impact on the way buildings evolve in the mind of the designer and in the collective mind of society. The design process is taken into dynamic force fields where many different vectors are executing influence on the modeling process of the constructs. These forces are from within and also come from the outside. Digital architecture is

>> BOB SLEDING >>

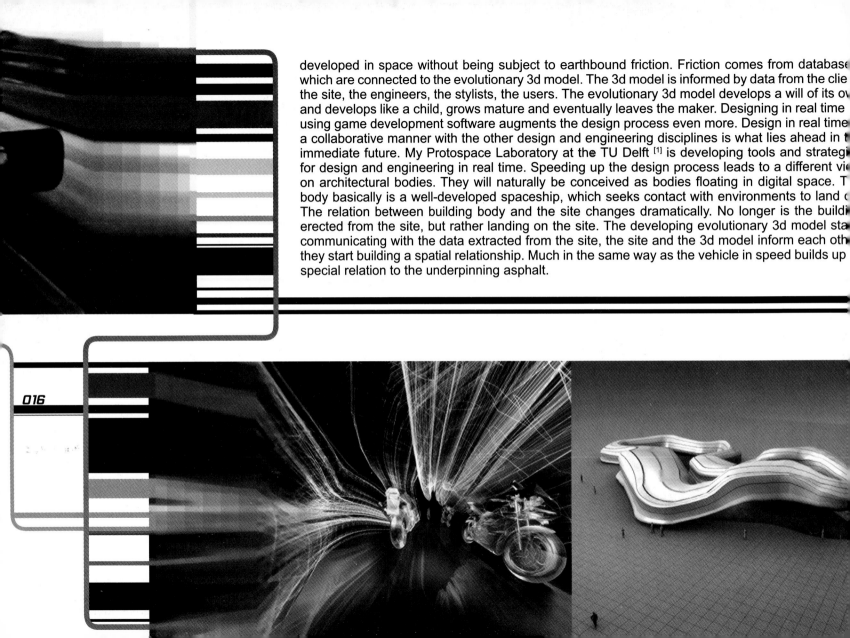

developed in space without being subject to earthbound friction. Friction comes from databases which are connected to the evolutionary 3d model. The 3d model is informed by data from the client, the site, the engineers, the stylists, the users. The evolutionary 3d model develops a will of its own and develops like a child, grows mature and eventually leaves the maker. Designing in real time using game development software augments the design process even more. Design in real time in a collaborative manner with the other design and engineering disciplines is what lies ahead in the immediate future. My Protospace Laboratory at the TU Delft [1] is developing tools and strategies for design and engineering in real time. Speeding up the design process leads to a different view on architectural bodies. They will naturally be conceived as bodies floating in digital space. The body basically is a well-developed spaceship, which seeks contact with environments to land on. The relation between building body and the site changes dramatically. No longer is the building erected from the site, but rather landing on the site. The developing evolutionary 3d model starts communicating with the data extracted from the site, the site and the 3d model inform each other, they start building a spatial relationship. Much in the same way as the vehicle in speed builds up a special relation to the underpinning asphalt.

FUSION DESIGN [HEADLIGHT IN CAR BODY]

What about the relation between the operator and the vehicle or system [s]he is operating?

How does the motorbike relate to the driver, the computer to the operator, the building to the user, the street to

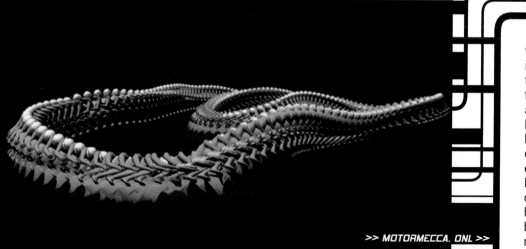

>> MOTORMECCA, ONL >>

the car, the chair to the person sitting on it? They fuse in coexistence. The vehicle has no meaning without the operator. In the design of nowadays vehicles formally discrete elements are merging together and are forming bold new species. We are so fortunate to be able to experience evolution from within. We are living inside evolution. Look at the headlight in the car body. It used to be a lamp attached as a discrete element to the fenders covering the front wheels. Fenders, headlights, bumpers all were separately developed and bolted together. But look at the headlights of today. The lights are integral part of the body. The fenders and bumpers have fused with the main body; the headlights are embedded in the body

as a whole. But they can still be recognized as a headlight. They fuse but do not loose their identity and character. They co-evolve into a complex organized body, incorporating many different functional and emotional aspects in its complexity. Think of the motorbike driver and his bike. They fuse into a new amalgam of metal parts and human parts. Both of them covered with strong graphics, colors and texts, both featuring soft curves, fused in speed. This phenomenon of fusing discrete elements into a complex body with characteristic functional parts is key to the new attitude in architecture. The formerly discrete elements will merge into

WWW.MAX-BIAGGI.COM
3
Marlboro
YAMAHA
Marlboro
YAMAHA
YAMAHA
3
Marlboro
YAMAHA
Marlboro
YAMAHA
YAMAHA
MOTUL
brembo
NOK

a complex body of functional parts, each maintaining their specific character, but always connected in speed and in styling to other characteristic parts. Modern architectural bodies develop into complex integrated systems. It is obviously even more important now to embed the climate installations in the design concept and to treat all sides of the architectural body including the underground part with all the respect they deserve. Fusion in the speed of the process of programming and styling

with the other parts, there is an active flow of information from one part to the other. In the design of the headlight long active lines coming from the larger body are continued, they are shaping the lights. At the same time internal forces are shaping

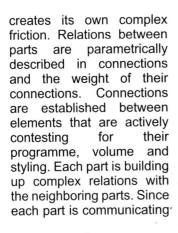

creates its own complex friction. Relations between parts are parametrically described in connections and the weight of their connections. Connections are established between elements that are actively contesting for their programme, volume and styling. Each part is building up complex relations with the neighboring parts. Since each part is communicating

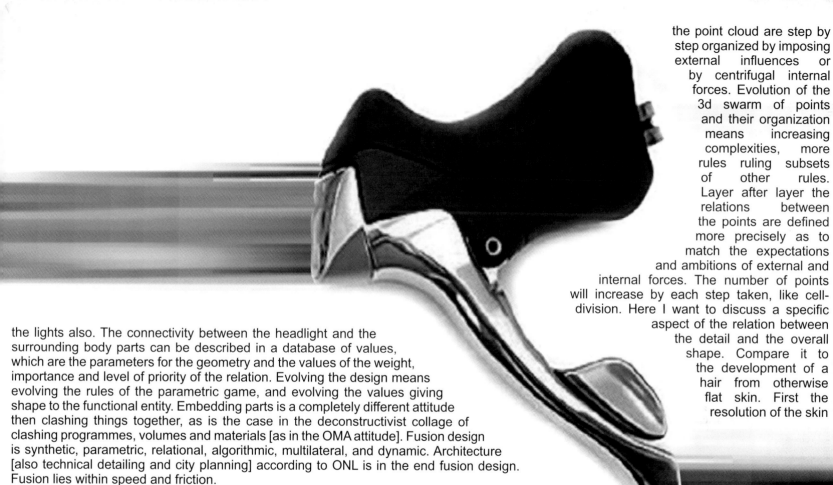

the point cloud are step by step organized by imposing external influences or by centrifugal internal forces. Evolution of the 3d swarm of points and their organization means increasing complexities, more rules ruling subsets of other rules. Layer after layer the relations between the points are defined more precisely as to match the expectations and ambitions of external and internal forces. The number of points will increase by each step taken, like cell-division. Here I want to discuss a specific aspect of the relation between the detail and the overall shape. Compare it to the development of a hair from otherwise flat skin. First the resolution of the skin

the lights also. The connectivity between the headlight and the surrounding body parts can be described in a database of values, which are the parameters for the geometry and the values of the weight, importance and level of priority of the relation. Evolving the design means evolving the rules of the parametric game, and evolving the values giving shape to the functional entity. Embedding parts is a completely different attitude then clashing things together, as is the case in the deconstructivist collage of clashing programmes, volumes and materials [as in the OMA attitude]. Fusion design is synthetic, parametric, relational, algorithmic, multilateral, and dynamic. Architecture [also technical detailing and city planning] according to ONL is in the end fusion design. Fusion lies within speed and friction.

SPECIALIZATION OF THE DETAIL IN THE SKIN OF THE BUILDING BODY

Let us have a closer look at the nature of the evolving 3d model. The starting point of building the geometry could well be a point cloud: a swarm of organized points in space. The essence of the point cloud is that each point has knowledge of the position and vectorial tendencies of immediate neighboring points. Just like individual birds in a swarm of birds flock together following a limited number of simple rules. The point cloud forms the basic material from where the parametric design process starts. The points in must increase to host the possible local specialization of cells. Then some cells in that area may start to change character and eventually [if evolution decides it is a successful proposal] change into something with its own new character. In this way individual hairs may have developed from the hairless skin. Imagine now a specialization within a selected area in our point cloud. Insert more points as to be able to organize the geometry of the detail. Naturally this detail is dynamically linked to a larger area of the low resolution point cloud. In this area the specialization take place. This concept of specialization into discrete but fused local identities illustrates the specialization of a headlight in the car body, of the detail in a building, of a building in the urban tissue, of a sector in C^3, Catalunya Circuit City. It relates the smaller to the larger whole, like the bird to the swarm of birds. The specialization never comes as an abrupt change, but always features a transition from one type of skin, urban tissue, building structure into another type.

CITIES IN SPEED AND FRICTION

When is a city in speed? What information flows through the veins of the city? What friction does it cause? Cities are a highly organized complex cloud of dynamic particles, structured by infrastructural networks like roads and distribution systems. The city is based on a complex set of rules, where legislation and especially land ownership plays an important role. The rules of the game are played by the citizens, on a daily basis. The rules are changed on a weekly or monthly basis in the city councils. The city is a real time game where the rules are gradually changing, responsive to local forces and to external national forces. The evolutionary speed of the city is the speed of ambition to change the rules. Then what is the friction of the city system? What is the burning rubber of the city tires? Is it the always increasing volume

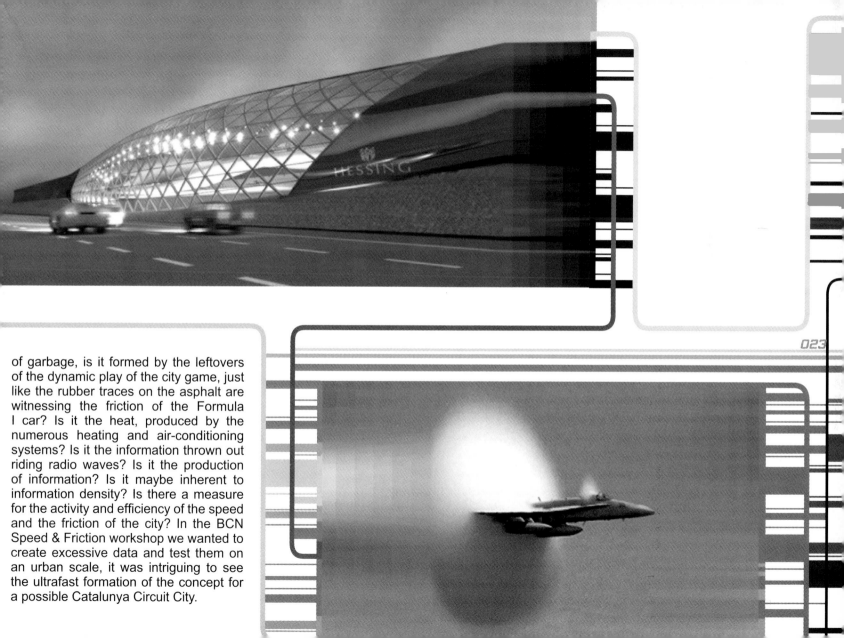

of garbage, is it formed by the leftovers of the dynamic play of the city game, just like the rubber traces on the asphalt are witnessing the friction of the Formula I car? Is it the heat, produced by the numerous heating and air-conditioning systems? Is it the information thrown out riding radio waves? Is it the production of information? Is it maybe inherent to information density? Is there a measure for the activity and efficiency of the speed and the friction of the city? In the BCN Speed & Friction workshop we wanted to create excessive data and test them on an urban scale, it was intriguing to see the ultrafast formation of the concept for a possible Catalunya Circuit City.

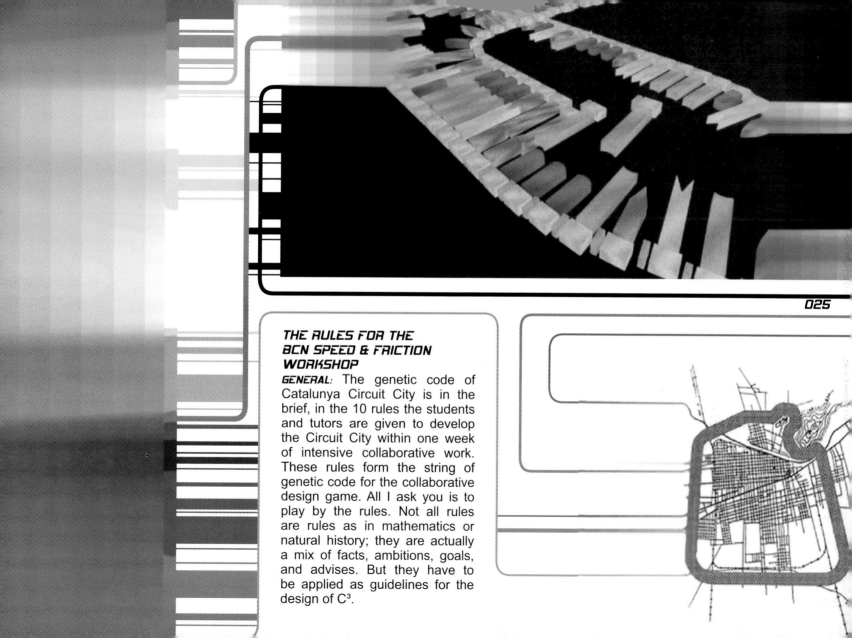

THE RULES FOR THE BCN SPEED & FRICTION WORKSHOP

GENERAL: The genetic code of Catalunya Circuit City is in the brief, in the 10 rules the students and tutors are given to develop the Circuit City within one week of intensive collaborative work. These rules form the string of genetic code for the collaborative design game. All I ask you is to play by the rules. Not all rules are rules as in mathematics or natural history; they are actually a mix of facts, ambitions, goals, and advises. But they have to be applied as guidelines for the design of C^3.

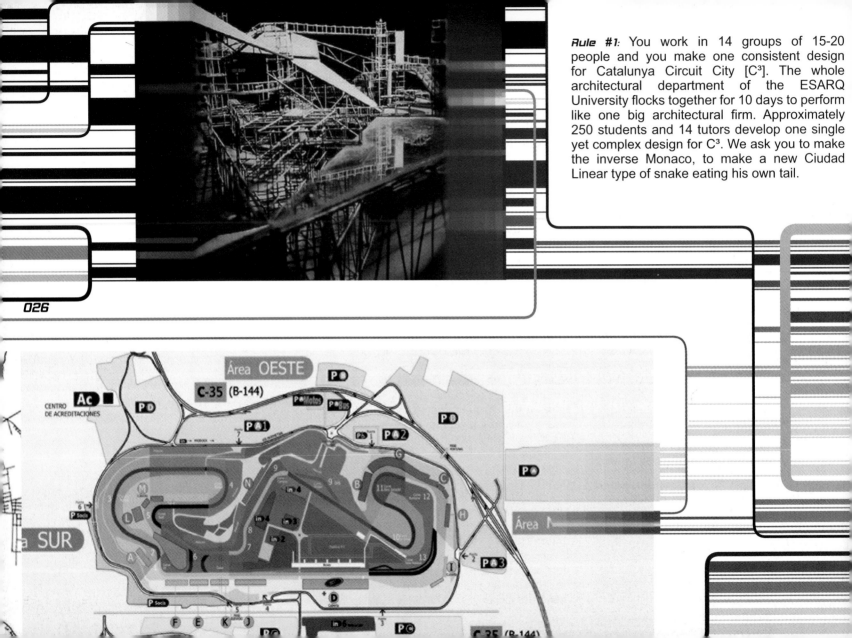

Rule #1: You work in 14 groups of 15-20 people and you make one consistent design for Catalunya Circuit City [C³]. The whole architectural department of the ESARQ University flocks together for 10 days to perform like one big architectural firm. Approximately 250 students and 14 tutors develop one single yet complex design for C³. We ask you to make the inverse Monaco, to make a new Ciudad Linear type of snake eating his own tail.

Rule #2: The Catalunya Circuit will be divided in 14 sectors. Looking at Formula I race tracks we can register that each circuit is made up of a series of challenging curves, which are commercially adopted by a bigger company. Each curve has a name. The full circuit then becomes a series of sectors. The concept of developing a city as a series of sectors is already found in the ambitious New Babylon project by Dutch artist Constant. Constant taught himself the principles of architecture, adopted the strategies of the French Situationists, and proposed bold schemes for a new city proliferating over existing countryside and cities, only leaving old city centers untouched [very respectful Mr. Constant!]. In New Babylon there can be found sectors like the Yellow Sector, the Orient Sector, and the Red Sector; we ask you to design 14 sectors with 14 specific characters to form the DNA string of C^3.

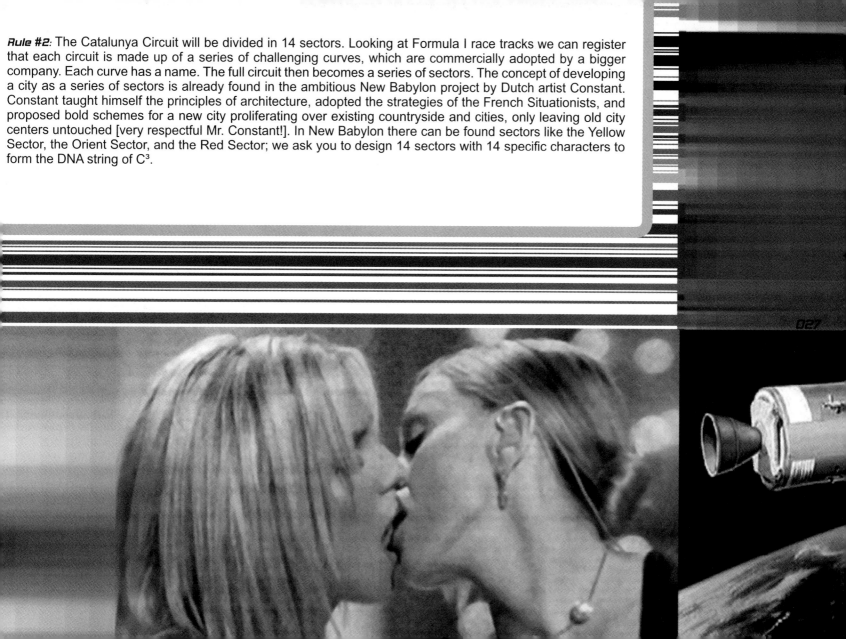

027

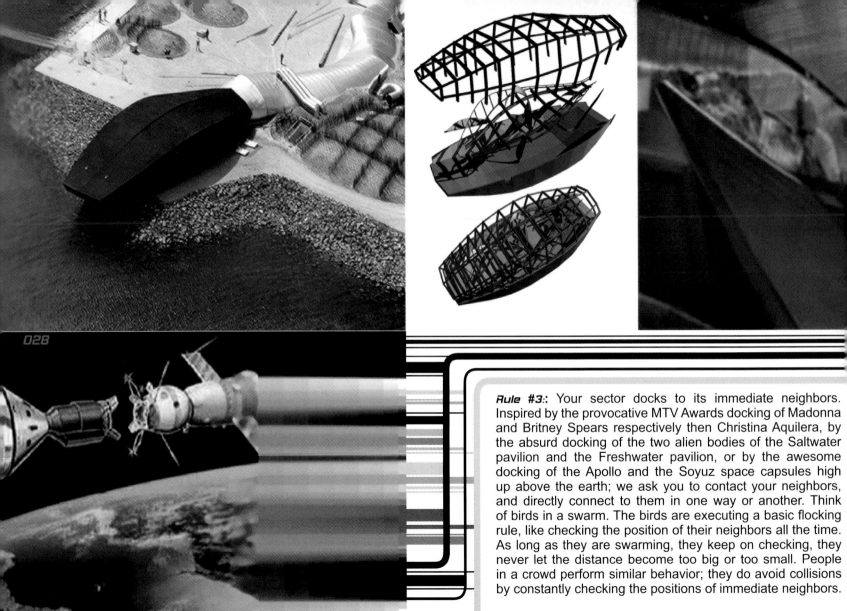

Rule #3:: Your sector docks to its immediate neighbors. Inspired by the provocative MTV Awards docking of Madonna and Britney Spears respectively then Christina Aquilera, by the absurd docking of the two alien bodies of the Saltwater pavilion and the Freshwater pavilion, or by the awesome docking of the Apollo and the Soyuz space capsules high up above the earth; we ask you to contact your neighbors, and directly connect to them in one way or another. Think of birds in a swarm. The birds are executing a basic flocking rule, like checking the position of their neighbors all the time. As long as they are swarming, they keep on checking, they never let the distance become too big or too small. People in a crowd perform similar behavior; they do avoid collisions by constantly checking the positions of immediate neighbors.

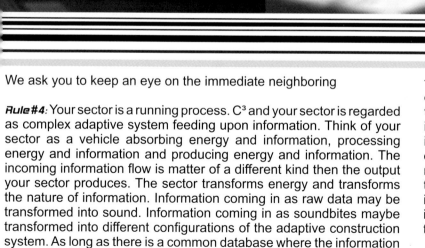

We ask you to keep an eye on the immediate neighboring

Rule #4: Your sector is a running process. C³ and your sector is regarded as complex adaptive system feeding upon information. Think of your sector as a vehicle absorbing energy and information, processing energy and information and producing energy and information. The incoming information flow is matter of a different kind then the output your sector produces. The sector transforms energy and transforms the nature of information. Information coming in as raw data may be transformed into sound. Information coming in as soundbites maybe transformed into different configurations of the adaptive construction system. As long as there is a common database where the information can be stored and be retrieved from, there is communication and transformation of energy and information. The real time behavior of

the Saltwater pavilion is a running process. A weather station on a buoy on the sea produces data on wavelength, wind speed, temperature of the sea, salt content of the sea etc, which are imported as raw data into the processing system of the building. The data are transformed into MIDI signals, which are in their turn sent to the slider boards for operating the lights and the sound system. The complete set-up runs in real time, the behavior of the lights and the sound environment inside the pavilion is directly but non-linearly connected to the data coming in real time. The monitoring of the weather outside on the North Sea is transformed in the running of the process into a completely different thing, into the ambient light and surrounding sound massage.

Rule #5: Your sector body must be styled in speed & friction. Each sector eats data, processes data and produces data in the design process. The

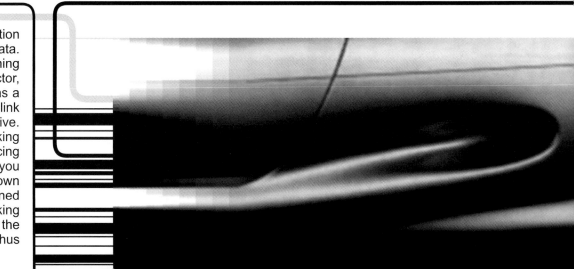

processing of this design-related information flow is called the emotive styling of the data. Sculpting data in the process of designing leads to the realization of your future sector, which will be processing data in real time as a complex adaptive system in itself. There is link there; you must keep the information flow alive. Do not stop the flow, let it run, let it go. Working in this information-rich flow is like balancing on a rope high above the Niagara Falls. If you fall, all data is lost. If you manage not to drown in the sea of possibilities, you have learned how to cooperate with the data flow. Working together in this stream of data is styling the DNA sequences of information, and thus

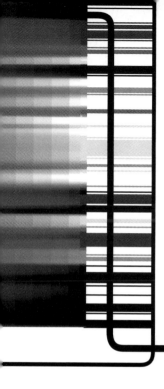

having influences on the produced outcome. Styling digital data is a more information-rich process then working with physical clay. The information flow is enriched, kept alive and enhanced instead of sent into a dead-end street. Styling data, which is a form of programming using a graphic interface, is developing the evolutionary 3d model of the new-born project. The aim is to keep this project-baby alive and raise it from childhood into a mature player in the population of proposed and eventually realized projects. Styling the elastic lines is organizing the point cloud of data in a beautiful way. Not all lines are beautiful, the effect of the styling process is judged by the eye, and will be judged in speed, in the speed of the racing car driving the Catalunya Circuit. The styling must go with the flow, but it will encounter friction as well. Friction in the curves of the circuit, friction in the transformations from one sector into the other, like the friction of the tires of the car on the asphalt, frictions from your own mind in the communication process with you and your computer computing the data. You must give meaning to the organization of the data of your concept, and you must perform in speed and in friction.

Rule #6: The body of your sector acts, interacts and behaves. Your

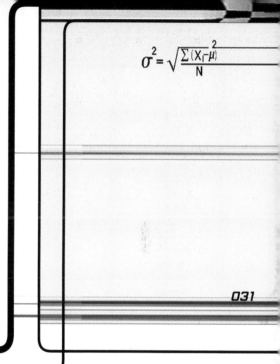

$$\sigma^2 = \sqrt{\frac{\sum (X_i - \mu)^2}{N}}$$

031

sector will be a pro-active hyperbody, a multi-player interactive vehicle that eats, digests and releases information. Do not even try to make it look like an animal, or literally like an animated body. The aim of the BCN Speed & Friction workshop is to place the code of your design in the continuously looping information flow of C³, develop your design in the flow, and put together a proposal that lives in the flow and from the flow. There can only be interaction if there are at least two active parties involved. Think of your project and of the city as active players. Think of your building elements as pro-active actuators, exchanging data with each other and with you. You must find a way to communicate in real time with the data you are dealing with.

Rule #7: Your sector has a name. You may have noticed that in the Catalunya Circuit every curve has been adopted by a big firm,

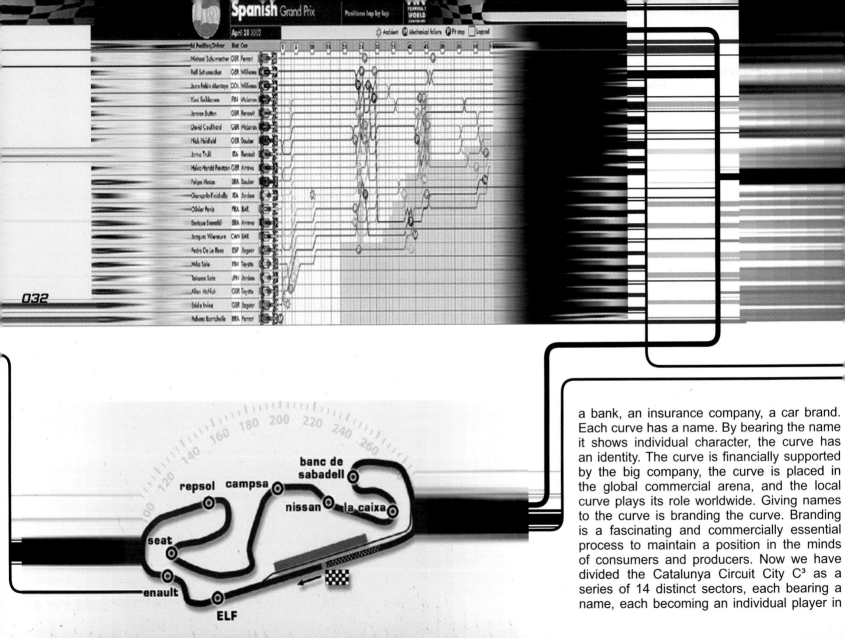

a bank, an insurance company, a car brand. Each curve has a name. By bearing the name it shows individual character, the curve has an identity. The curve is financially supported by the big company, the curve is placed in the global commercial arena, and the local curve plays its role worldwide. Giving names to the curve is branding the curve. Branding is a fascinating and commercially essential process to maintain a position in the minds of consumers and producers. Now we have divided the Catalunya Circuit City C³ as a series of 14 distinct sectors, each bearing a name, each becoming an individual player in

programmer would do, writing lines of code. The information architect of today is no longer drawing lines [neither 2d nor 3d lines] but rather designing a living diagram of the sequence of development. The architect today is a genetic programmer of his/her proposals. The architecture of the genetic code is fully transparent to other people, to other disciplines. Each step in the development is a line of code, and thus fully communicable with third parties. The nature of this attitude towards architecture is of course fully parametric. Changing parameters in the early stages of development of the project may cause drastic changes in the appearances of the project in the later stages. If properly set up parametrically, all building blocks of your

the local and global branding of C³. A good name is remembered by more people, and if the memorable name is attached to the appropriate experience, the sector may become a commercial success, attracting people to work, to live, to spend their free time, to negotiate and to have fun, to experience the power of speed and friction. Think of the firm, which is giving its name to your sector as the source of inspiration for the commercial development of the programme. A good sector brand is communicative, attractive and appeals to slumbering secret desires of the public.

Rule #8: Think as a programmer, think parametric. Make sure that you establish contact with the genetic code of your conceptual proposal, and develop from there. You are invited to write down in a few lines the very essence of your sector proposal. You must write it down as a

flowchart are interactively linked to each other. Put the actors of your sector in a spreadsheet, build relations between the actors in your sector, and invent a branding formula for your sector.

Rule #9: Tutors travel from one sector to the next. A team of 14 tutors including ourselves [Oosterhuis_Lénárd] travel from sector to sector. They typically spend one half day discussing with the group of 15 students in each sector. After that half day the balance is made and written down, and the sector prepares for the next traveling tutor. And so on for a full week until the tutor loops back to the group [s]he first had. The traveling tutor starts the discussion for one specific sector, and comes back in the end to judge the results of the development, coached and influenced by the 13 other tutors. This concept of the traveling tutor forms the basis for the intended process of collaborative design. Each sector must cooperate with their neighboring sectors, exchanging views and data. And each sector must deal with the different coaching input from the 14 individual tutors. The BCN Speed & Friction workshop is above all a group exercise in collaborative design. Together we are designing one looping circuit city, which consists of 14 actively communicating sectors. Two hundred fifty individual minds are connected as in a hive mind to design one complex proposal. A proposal for the complex adaptive system called C³.

Rule #10: The Dutch Hyperbody Research Group [HRG] assistants, the ONL crew and guest critic and interactive interface designer Bert Bongers discuss specific speed and friction aspects with each of the 14 teams. The individual tutors have been assigned specific roles to play. Being a car design addict himself, Gijs Joosen [ONL staff] focuses on the development of your sector as a vehicle in speed and friction. Chris Kievid [ONL staff and student assistant HRG] concentrates on the concept of the body, the body

034

own instincts and will discuss with all 14 tutors and all 14 groups the why's and how's of the BCN Speed & Friction workshop. Each day all tutors are called together and the chosen strategies are fine tuned as to adjust the unstoppable daily flow of events. Kas Oosterhuis and Ilona Lénárd have set the rules of the game, and will see to it that the tutors and the students will play by the rules. The best they can hope for is the evolutionary improvement of the very rules themselves.

[1] http://protospace.bk.tudelft.nl
2] http://protospace.bk.tudelft.nl

KAS OOSTERHUIS
Director de ONL [Oosterhuis_Lénárd] www.oosterhuis.nl
Profesor de la Facultad de Arquitectura de TU de Delft
Director del Hyperbody Research Group y del Protospace Lab [1]

TALLER BCN SPEED & FRICTION
@ ESARQ

building of the hyperbody concepts. Misja van Veen [student assistant HRG] is dealing with the city as a complex adaptive system, the city as a distributed form of intelligence. Michael Bittermann [HRG], who

developed for his final project at the TU Delft an e-motive, intuitive and interactive 3d environment to browse through your personal files, will discuss with you the nature and potential of the information flow seen and designed in speed and friction. Bert Bongers, himself a BCN resident for several years, is interested in more intuitive ways of interacting with ubiquitous computing, and discusses with the ESARQ students to what extent the architectural proposal for your sector can be seen as the interface between yourself and your environment. Kas Oosterhuis and Ilona Lénárd have overall control of the content, progress and the rules of the workshop. They naturally follow their

TRANSFORMACIÓN PROVISIONAL DE LA CIUDAD
El ejemplo de Mónaco es de todos conocido. La ciudad de Mónaco se transforma una vez al año para convertirse en escenario de una carrera de Fórmula 1. Se reconfiguran las calles existentes para formar el circuito de carreras. De no ser por ellas, todo son ajetreadas avenidas llenas de turistas, un túnel con acceso al centro de convenciones, carreteras tortuosas que se elevan desde el mar Mediterráneo hacia las urbanizaciones de los ricos y famosos. Las calles rebosan de coches fabricados en masa y la gente se gasta tan ricamente su dinero en placeres predecibles. Durante todo el año Mónaco funciona como cualquier otra ciudad costera, pero una vez al año escapa a la rutina y, aparentemente de la noche a la mañana, atrae una especie distinta de camiones que transportan una clase curiosa de potentes insectos motorizados. Una vez alcanzado su destino, cerca de los yates anclados

en el muelle, estas máquinas de pesada carrocería son descargadas y colocadas en el asfalto. ¿Qué sucede? La ciudad impide el paso a algunos tramos de las calles y crea un bucle interno para uso exclusivo de los insectos invitados. Estos abigarrados monstruos arrancan con alaridos hasta entonces inauditos como si el núcleo compacto de la ciudad les fuera indiferentes. Mientras los bólidos exploran el bucle cerrado, los peatones habituales acuden ahora al perímetro externo del circuito. Durante un corto instante la distribución espacial de personas, coches, huéspedes y anfitriones queda completamente alterada. Provisionalmente la ciudad se ha reconfigurado.

actividades de periodicidad anual. ¿Cómo podemos dotar al circuito de la fuerza necesaria para atraer tal manifestación de vida urbana? ¿Qué tipo de ciudad resultará de ese generador de energía? ¿Qué actos contribuirían a hacer factible esta atrevida metamorfosis de circuito en ciudad? ¿Podemos proporcionarle esa fuerza al circuito con tan solo el potencial de un concepto urbano? ¿Cuán excesivo puede ser ese potencial de una propuesta de diseño? ¿Contará con la fuerza necesaria para llegar a tener efecto en el caso concreto de la ciudad catalana? Nosotros, tutores y alumnos, ¿soñamos en un mundo paralelo o podríamos en verdad lograr cambiar el flujo de información

En líneas generales, la ciudad de Mónaco organiza una efeméride, como lo hace toda ciudad, grande o pequeña, en algún momento. Año tras año Mónaco hace acopio de energía y moviliza los recursos necesarios para resucitar las estructuras pertinentes y hacer posible el evento. Al igual que Mónaco, las ciudades saben cómo organizar acontecimientos de periodicidad semanal, mensual, anual o bienal. Todas las ciudades, independientemente de sus dimensiones, acaban siendo algún día una «ciudad-acontecimiento», y atraen partículas de todo tipo de su entorno inmediato, absorbiendo información, alimento, energía, personas… Las ciudades inspiran y expiran, són parásitos de su periferia, ya sea en el entorno más inmediato en el caso de pequeños actos o la periferia en su acepción más amplia, el mundo entero, cuando se trata de carreras de Fórmula 1. Llegan a Mónaco ingredientes de todas partes del mundo que dan su sabor característico al plato de la Fórmula 1.

TRANSFORMACIÓN PERMANENTE DEL CIRCUITO DE CATALUÑA: LA C³

Para el taller «BCN Speed & Friction» de la ESARQ en Barcelona, hemos propuesto el proceso inverso. El circuito existente en Cataluña a 30 km de la capital deberá convertirse en una ciudad cotidiana. Un circuito que dé cabida a una ciudad. La efeméride anual aumentará la complejidad social. El bucle de asfalto existente atraerá nuevas

en nuestra sociedad actual hasta el punto de hacerse realidad? De momento el equipo de tutores, junto a un grupo de miembros hiperactivos de la Oficina ONL en Rotterdam y de mi Hyperbody Research Group de TU de Delft, hemos estado aportando ideas durante 10 días –en compañía de 250 alumnos de la ESARQ y un grupo entregado de tutores acompañantes de España e Italia– y hemos llegado a creernos que era posible. La sociedad entera juzgará nuestras invenciones, las pondrá a prueba ante la realidad de este mundo y nos emitirá señales para ver si en verdad resonaban. Debemos estar atentos ante la respuesta de la sociedad y prepararnos para realizar intervenciones de seguimiento. La Ciudad del Circuito de Cataluña (llamémosle C³) nació en el estudio de «BCN Speed & Friction» como todo un juego de diseño. La publicación de la C³ en formato libro y en la página web de Speed & Friction [2] transmite el concepto al mundo, lo integra no tan sólo en la mentalidad de los alumnos, tutores e invitados participantes, sino también en los miles de lectores y navegantes del ciberespacio.

VELOCIDAD Y FRICCIÓN

Mientras escribo estas líneas viajando en el tren de alta velocidad Thalys a una velocidad de casi 300 km/h, caigo en la cuenta de que mi percepción del mundo cambia con el aumento de velocidad. Siento una relación distinta entre yo mismo, el tren bala y el paisaje. Es como surcar olas extralargas, navegar en una trayectoria curva spline, doblarse lentamente por encima y por debajo del spline soslayándolo con dulzura a ambos lados. Como si hilvanáramos las soporíferas colinas en una secuencia aún más soporífera de arrumacos para el cuerpo humano transportado. Al surcar el paisaje francés a alta velocidad, uno siente una suerte de fricción distinta: una conexión con un nuevo metapaisaje, un vuelo a baja altura, entre la tierra y las nubes, como si nos elevaran y separaran de las vías.

Los conductores de Fórmula 1 alcanzan velocidades semejantes en carriles mucho más estrechos y en curvas más pronunciadas que el trazado del TGV. El río acelera la velocidad del tren bala en un entorno que parece más adaptado al tráfico lento, como el de bicicletas. Contiene curvas parecidas, como los carriles serpenteantes de los parques públicos, diseñados para pasear a ritmo pausado. Velocidad, curvas y por ende fricción propulsadas simultáneamente, aplicando fuerzas G extremas al conductor zarandeado. Al contemplar un vídeo de un conductor de Fórmula 1, es fácil tenerle lástima y a la vez admirar su heroica conducta en esa angosta sala de torturas, desafiando las curvas cerradas, arañando el asfalto, eufórico ante la osada fricción que adquiere su bólido al atravesar el circuito.

Ahora imaginaros que sois el revestimiento del neumático. Sentís la fricción. Sentís el calor. El asfalto araña vuestra piel de caucho debido a la velocidad de rotación y a la fuerza de tracción. Se pondrá a prueba vuestra resistencia cuando rotéis a más de 40 rotaciones por segundo. Dejaréis roderas en el asfalto. Grabaréis la pista. La pista, la fuerza de la máquina y los neumáticos pertenecen a un solo sistema. No habría asfalto sin neumáticos. No habría máquinas potentes sin pistas de asfalto. Los neumáticos, los coches de carreras y la pista pertenecen

a un solo sistema. Si los neumáticos se recalientan, también lo harán las marcas en el suelo. Neumático y pista intercambian información en forma de calor y caucho. La velocidad y la fricción pertenecen a un único sistema. No existe velocidad sin fricción. No hay velocidad

AHORA IMAGINAROS QUE SOIS EL REVESTIMIENTO DEL NEUMÁTICO. SENTÍS LA FRICCIÓN. SENTÍS EL CALOR. EL ASFALTO ARAÑA VUESTRA PIEL DE CAUCHO DEBIDO A LA VELOCIDAD DE ROTACIÓN Y A LA FUERZA DE TRACCIÓN. [...] DEJARÉIS RODERAS EN EL ASFALTO. GRABARÉIS LA PISTA.

de información sin canales, nodos y cables que regulen la velocidad del flujo de información. No hay calor sin materiales termoconductores. No puede haber flujo de tráfico sin pistas, coches, conductores y un conjunto de normas que rijan las acciones de los agentes de este sistema de movilidad automotriz.

PERSONAS EN VELOCIDAD

¿Cómo experimenta la velocidad una persona? Imaginaros andando por la calle. Levantáis primero un pie, luego el otro, pero sin perder contacto con el suelo. Ahora acelerad y os encontraréis volando durante los intervalos en que vuestros pies tocan la superficie. Es otra modalidad de relacionaros con la tierra firme. Existís en velocidad. Veis el entorno con otros ojos, se os nubla la visión, os concentráis más en el proceso de correr en lugar de en vuestro entorno. Llevadlo al extremo y la persona a máxima velocidad se escinde de la velocidad de la vida cotidiana. Una persona que existe en velocidad es muy consciente de su propio cuerpo, vive en un mundo imaginario y acaba por perder contacto con su entorno inmediato, genera una situación cada vez más aislada, comunicándose tan solo mediante estrechas bandas de información. Las personas en velocidad establecen un tope de información a absorber en su sistema corporal. Si, al contrario, aminoráis y os sentáis (y hojeáis el periódico o veis la televisión), dejaréis de ser concientes de vuestro cuerpo, y los medios empezarán a tomar el control del cuerpo. Dejaréis que penetre el flujo de información en vuestro sistema sin excesiva fricción.

VEHÍCULOS (TRIPULADOS) EN VELOCIDAD

¿Y qué ocurre si esa misma persona se encuentra detrás del volante de un vehículo? En ese caso, el vehículo actuará como cuerpo –incluido el conductor, que lo que hace es manejar la máquina– y lleva al cuerpo que existe en velocidad a otra situación límite. Los vehículos en velocidad pierden el contacto directo con su entorno y requieren instrumentos y dispositivos sensoriales para medir y controlar las circunstancias que cambian rápidamente, los vehículos en velocidad desarrollan una forma concreta de intercambio informativo con su entorno. La carrocería del vehículo entabla una relación especial con el asfalto (en el caso de un coche de carreras), quiere despegar del suelo pero al acelerar empieza a crear un campo de atracción. El coche de Fórmula 1 es atraído hacia el asfalto por medio de la fuerza de succión generada por la velocidad del coche, produce un campo de fuerza entre la parte inferior del coche y la pista. ¿Por qué la cara inferior de los coches es siempre negra como el carbón quemado y no responde al diseño global de la carrocería? ¿Por qué parece un escarabajo de alas coloreadas en la parte trasera pero con unas posaderas negras, planas, feas y sucias? ¿Esa parte es negra por la fricción entre suelo y carrocería? ¿O es negra porque de hecho no la vamos a ver y nuestros ojos no necesitan mimos

visuales? En el debate sobre la relación dinámica entre carrocería y carretera, no podemos tratar la cara inferior como una resistente superficie plana, sino que debe estar preparada para desempeñar su relación espacial.

CUERPOS CONSTRUIDOS DISEÑADOS EN VELOCIDAD

Al final, el sótano de los edificios también deberá considerarse una superficie madura del cuerpo edificado. ¿Por qué suele detenerse la arquitectura justo a ras de tierra? Aun a sabiendas de que buena parte de las construcciones actuales se encuentran soterradas, la arquitectura subterránea sigue sin ser vista como una disciplina a tener en cuenta. Aún no contamos con una teoría madura sobre la relación entre la parte inferior de un edificio y la tierra. Todas la teorías arquitectónicas se centran en el fragmento visual de lo construido dejando a un lado gran parte de la inversión total. Es hora de desarrollar una estrategia integral de la construcción, que incluya el segmento inferior, así como la instalación y las realidades aumentadas. Quizá encontremos una ventana hacia esta esperada teoría en el concepto de diseñar edificios en velocidad. Trabajando a la velocidad de cálculo de los ordenadores diseñamos edificios a la velocidad del proceso de cálculo, es decir, podemos construir mundos ingrávidos de lo más complejos en una mínima parte del tiempo necesario para elaborar un dibujo tradicional. Esta ventaja afecta considerablemente la manera en la que evolucionan los edificios en la mente del diseñador y en el colectivo de

LA RELACIÓN ENTRE EL CUERPO CONSTRUIDO Y SU **EMPLAZAMIENTO SE ALTERA DRÁSTICAMENTE.** [...] EL MODELO EVOLUTIVO TRIDIMENSIONAL QUE DESARROLLAMOS PARTE DE LA **COMUNICACIÓN** CON

LOS DATOS EXTRAÍDOS DEL **EMPLAZAMIENTO,** [...] EMPIEZAN A **CONSTRUIR UNA RELACIÓN ESPACIAL.**

la sociedad. Se transporta el diseño a unos campos de fuerza de gran dinamismo, donde una multiplicidad de vectores influyen en el proceso de modelado de las construcciones. Fuerzas internas y fuerzas del exterior. La arquitectura digital se desarrolla en el espacio sin estar sujeta a fricción terrena. La fricción procede de las bases de datos, que están conectadas al modelo evolutivo tridimensional. El modelo en 3D se nutre de los datos del cliente, el emplazamiento, los ingenieros, los estilistas, los usuarios, etc. El modelo evolutivo en 3D genera una voluntad propia y se desarrolla como un niño, madura y al final acaba por abandonar a su creador. El diseño en tiempo real mediante el uso de software de elaboración de juegos aumenta aún más el proceso de diseño. Precisamente lo que nos depara el futuro es diseño colaborativo en tiempo real junto con las demás disciplinas de diseño e ingeniería. En mi Protospace Laboratory [Laboratorio del Protoespacio] de TU de Delft[1] estamos desarrollando instrumentos y estrategias de diseño e ingeniería en tiempo real. Al acelerar el proceso de diseño, adquirimos una óptica muy distinta de los cuerpos arquitectónicos. De manera natural, los concebimos como cuerpos flotantes en un espacio digital. En resumidas cuentas, el cuerpo es una elaborada nave espacial que tantea terrenos donde aterrizar. La relación entre el cuerpo construido y su emplazamiento se altera drásticamente. El edificio deja de ser erigido desde el emplazamiento y empieza a aterrizar en él. El modelo evolutivo tridimensional que desarrollamos parte de la comunicación con los datos extraídos del emplazamiento, éste y el modelo en 3D se informan mutuamente, empiezan a construir una relación espacial. Algo semejante a lo que sucede cuando el vehículo que existe en velocidad negocia su relación espacial con el asfalto que lo sustenta.

DISEÑO DE FUSIÓN [EL FARO INTEGRADO EN LA CARROCERÍA]

¿Y qué sucede con la relación entre la persona y el vehículo o sistema que maneja? ¿Qué relación existe entre la motocicleta y el motorista, el ordenador y su usuario, el edificio y su habitante, la calle y el coche, la silla y la persona que en ella se sienta? Conviven fusionándose. El vehículo no tiene ningún sentido sin un conductor. Actualmente en el diseño de vehículos se fusionan elementos formalmente discretos y dan lugar a nuevas y arriesgadas especies. Tenemos la gran fortuna de poder experimentar la evolución desde el interior. Vivimos en la evolución. Fijémonos en el faro delantero integrado en la carrocería de un coche. Un objeto que antes era una lámpara y ahora está incrustado como elemento discreto al guardabarros que protege las ruedas delanteras. Guardabarros, faros y parachoques se elaboraron en su día por separado y posteriormente fueron atornillados a la máquina. Pero ¿y los faros hoy en día? Las luces ya son consubstanciales a la carrocería. Los guardabarros y los parachoques se han fusionado con el chasis, y los faros también quedan incrustados en un todo. Todavía se les puede reconocer como faros. Se fusionan, pero sin perder su identidad y su carácter. Coevolucionan hasta llegar a ser un nuevo cuerpo de compleja organización que incorpora en dicha complejidad un abanico de aspectos funcionales y emotivos. Pensemos ahora en el motorista y su moto. Se fusionan en una nueva amalgama de piezas metálicas y partes del cuerpo humano, ambos repletos de gráficos, colores y textos vistosos, con curvas suaves que se funden con la velocidad. En esta nueva actitud en la arquitectura es esencial entender dicho fenómeno de fusión de elementos discretos en un único cuerpo complejo con partes funcionales características. Los elementos formalmente discretos acabarán por fusionarse en un único cuerpo complejo de partes funcionales, cada una con su carácter concreto intacto, pero siempre conectados en la velocidad y en la combinación con otras piezas características. Los cuerpos arquitectónicos modernos evolucionan hacia sistemas integrados complejos. Evidentemente, hoy cobra aún mayor importancia la necesidad de integrar instalaciones climáticas en el concepto de diseño y prestar a todos los aspectos del cuerpo arquitectónico, parte subterránea incluida, el respeto que merecen. La fusión con la velocidad en el proceso de programación y de estilizado crea su propia fricción compleja. Las relaciones entre las partes se describen de forma paramétrica en las conexiones y el peso de éstas. Se establecen conexiones entre elementos que oponen resistencia al programa, el volumen y el estilizado. Cada una de las partes construye sus propias relaciones complejas con los elementos colindantes. Dado que estas piezas se comunican entre ellas, se activa un flujo constante de información recíproca. El diseño de faros delanteros se prolonga en largas líneas activas que provienen del resto de la carrocería y dan forma a la luz. En ese mismo instante también hay fuerzas internas que dan forma a la luz. La conectividad entre el faro y las piezas de su alrededor puede describirse en una base de datos de valores, parámetros para la geometría y los valores del peso, importancia y nivel de prioridad de la relación. Hacer evolucionar el diseño significa hacer evolucionar las normas del juego paramétrico, y hacer evolucionar los valores dando forma a la entidad funcional. Integrar las distintas piezas es una actitud diametralmente opuesta a enfrentarlas, como sucede con el *collage* deconstructivista de los programas, volúmenes y materiales *clashing* [que es el caso de la actitud de OMA]. El diseño de fusión es sintético,

SE FUSIONAN, PERO SIN PERDER SU IDENTIDAD Y SU CARÁCTER. COEVOLUCIONAN HASTA LLEGAR A SER UN NUEVO CUERPO DE COMPLEJA ORGANIZACIÓN QUE INCORPORA EN DICHA COMPLEJIDAD UN ABANICO DE ASPECTOS FUNCIONALES Y EMOTIVOS.

paramétrico, relacional, algorítmico, multilateral y dinámico. Según ONL, la arquitectura [también el detallado técnico y el urbanismo] es, al fin y al cabo, diseño de fusión. La fusión en velocidad y fricción.

ESPECIALIZACIÓN DEL DETALLE DE UNA PIEL DEL CUERPO CONSTRUIDO

Analicemos más detalladamente el modelo evolutivo tridimensional. El punto de partida para construir la geometría podría ser una nube, un remolino de puntos organizados en el espacio. Lo esencial de la nube de puntos es que cada uno de esos puntos conoce la posición y las tendencias vectoriales de todos sus puntos colidantes. Del mismo modo que cada uno de los pájaros que vuelan en bandada lo hace según un puñado de sencillas normas. La nube de puntos constituye el material básico en el que se inicia el proceso de diseño paramétrico. Paso a paso, los puntos de la nube se organizan mediante la imposición de influjos externos o fuerzas centrífugas internas. La evolución del enjambre tridimensional de puntos y su organización conllevan cada vez más complejidades, más normas que rigen subconjuntos de otras normas. Capa tras capa las relaciones entre los puntos se redefinen con mayor detalle a fin de cumplir con las expectativas y ambiciones de las fuerzas externas e internas. El número de puntos aumentará a cada paso, a la manera de la división celular. En este sentido, me gustaría traer a colación un aspecto concreto de la relación entre el detalle y la forma global. Comparémoslo con el crecimiento del pelo en una superficie, en principio plana, como es la dermis. En primer lugar, debe aumentar la resolución de la piel para hospedar la posible especialización de las células en una zona concreta. Algunas de esas células quizá empiecen a modificar su carácter y, de recibir la aprobación de la evolución como propuesta válida, pueden acabar convirtiéndose en una nueva entidad con carácter propio. De este modo, de una dermis glabra puede crecer pelo. Ahora trasladamos el ejemplo a la especialización de una zona que elijamos en nuestra nube de puntos. Insertamos más puntos para poder organizar la geometría del detalle. Por naturaleza, dicho detalle se ve vinculado dinámicamente a una zona mayor de la nube de puntos de baja resolución. Este concepto de especialización en identidades locales discretas, pero fusionadas, ilustra la especialización de un faro integrado en la carrocería de un vehículo, de un detalle en un edificio, un edificio en el tejido urbano o un sector en la C³: la Ciudad del Circuito de Cataluña. Relaciona las partes con el todo cual pájaros en bandada. La especialización nunca se produce en forma de cambio brusco, sino que siempre debe pasar por una transición de un tipo de piel, tejido urbano o estructura construida a otro tipo.

LAS CIUDADES EN VELOCIDAD Y FRICCIÓN

Una ciudad, ¿cuándo existe en velocidad? ¿Qué información corre por las venas de la ciudad? ¿Qué fricción ocasiona? Las ciudades son una enmarañada nube de partículas dinámicas, articulada a partir de redes de infraestructura, como las carreteras o los sistemas de distribución. La ciudad se rige por un complicado sistema de normas en la que la legislación y, en especial, la propiedad del suelo desempeñan un papel crucial. Las reglas del juego las siguen los ciudadanos, y lo hacen día tras día. Al cabo de las semanas o los meses, los consistorios alteran las normas. La ciudad es un juego a tiempo real cuyas normas cambian paulatinamente en función de fuerzas locales, pero también nacionales del exterior. La velocidad evolutiva de la ciudad es la velocidad de la ambición de cambiar dichas normas. Si eso es verdad, ¿cuál es la fricción del sistema urbano? ¿Cuál es la goma quemada que dejan en roderas los neumáticos de la ciudad? ¿Acaso será el volumen imparable de basura? ¿Estará formada por los restos de la partida dinámica del juego urbano, al igual que las roderas en el asfalto son la huella de la fricción del bólido? ¿Quizá sea el calor generado por múltiples sistemas de termoregulado? ¿O la información emitida a raudales por las ondas radiofónicas? ¿Será la producción informativa? ¿O quizá sea inherente a la densidad de información? ¿Podemos medir la actividad y la eficiencia de la velocidad y la fricción de la ciudad? En el taller "BCN Speed & Friction" quisimos generar un exceso de datos y ponerlos a prueba a escala urbana. Nos intrigaba observar la formación ultrarrápida del concepto de una posible Ciudad del Circuito de Cataluña.

LAS NORMAS DEL TALLER BCN SPEED & FRICTION

NORMA GENERAL: El código genético de la Ciudad del Circuito de Cataluña queda resumido en el decálogo que alumnos y tutores deben seguir para elaborar la Ciudad del Circuito en el transcurso de una semana de intensa colaboración. Las normas del decálogo conforman la cadena de código genético para el juego de diseño cooperativo. Tan sólo se pide que se acaten estas normas. No todas ellas son normas en el sentido matemático o biológico, sino más bien una mezcla de hechos, ambiciones, metas y consejos. Aun así, deben usarse como directrices para el diseño de la C³.

1ª NORMA: El trabajo es en 14 grupos de 15 a 20 personas con el fin de elaborar un diseño coherente de la Ciudad del Circuito de Cataluña, la C³. La Escuela de Arquitectura de la ESARQ al completo volará en bandada durante 10 días y deberá comportarse como si de un único despacho de arquitectos se tratara. Alrededor de 250 alumnos y 14 tutores elaborarán un único –pero complejo– diseño para la C³. Se pide crear un Mónaco a la inversa, un nuevo pez que se muerda la cola al estilo de la «Ciudad Lineal».

2ª NORMA: Se dividirá el Circuito de Cataluña en 14 sectores. Si observamos las pistas de Fórmula 1, nos damos cuenta de que cada circuito está compuesto de una serie de curvas pronunciadas que una empresa de mayor calibre adquiere a efectos comerciales. Cada curva tiene un nombre, con lo cual el circuito entero se convierte en una serie de sectores. El concepto de elaborar una ciudad como conjunto de sectores lo encontramos ya en el ambicioso proyecto «New Babylon» [Nueva Babilonia] del artista holandés Constant. Constant aprendió de manera autodidacta los principios de la arquitectura, adoptó las estrategias de los situacionistas franceses y propuso osados proyectos para la creación de una nueva ciudad que proliferaría sobre zonas rurales y urbanas ya existentes y tan solo dejaría intactos los centros metropolitanos [¡qué respetuoso, el señor Constant!]. En esta Nueva Babilonia podemos encontrar el Sector Amarillo,

LA ESCUELA DE ARQUITECTURA DE LA ESARQ AL COMPLETO VOLARÁ EN BANDADA DURANTE 10 DÍAS Y DEBERÁ COMPORTARSE COMO SI DE UN ÚNICO DESPACHO DE ARQUITECTOS SE TRATARA. ALREDEDOR DE 250 ALUMNOS Y 14 TUTORES ELABORARÁN UN ÚNICO –PERO COMPLEJO– DISEÑO PARA LA C³. SE PIDE CREAR UN MÓNACO A LA INVERSA, UN NUEVO PEZ QUE SE MUERDA LA COLA AL ESTILO DE 'CIUDAD LINEAR'.

el Sector Oriental o el Sector Rojo. Os pedimos que diseñéis 14 sectores con 14 caracteres específicos que conformen la cadena de ADN de la C³.

3ª NORMA: Vuestro sector se acoplará con los colindates. Inspirados por el provocador «acoplamiento» de la ceremonia de los premios MTV de Madonna con Britney Spears y Christina Aguilera, respectivamente, pero también por el acoplamiento absurdo de los dos cuerpos ajenos del Pabellón del agua salada y el Pabellón del agua dulce, o el asombroso acoplamiento de las cápsulas espaciales Apollo y Soyuz allá arriba en el cielo, se pide entrar en contacto con los vecinos y conectar directamente con ellos de algún modo. Pensad en los pájaros que vuelan en bandada. Ejecutan una norma básica de vuelo, comprobando siempre la posición de sus convecinos. Mientras dure el vuelo seguirán ojo avizor, sin dejar que la distancia entre ellos se acorte o se amplíe en exceso. Las personas en la multitud tenemos una conducta similar, evitamos colisiones comprobando constantemente la posición de nuestras personas más cercanas. Se pide que se preste especial atención a los sectores colindantes y que se conecte con ellos sin transiciones bruscas.

4ª NORMA: Cada sector es un proceso en funcionamiento.

La C³ y cada sector se consideran sistemas adaptivos complejos que se alimentan de información. Pensad en cada sector como un vehículo que absorbe energía e información, las procesa y las produce. El flujo entrante de información es distinto del resultante producido por el sector. El sector transforma la energía y la naturaleza de la información. La información que entra como datos originales puede transformarse en sonido. La que entra como bites de sonidos puede convertirse en distintas configuraciones del sistema de construcción adaptivo. Mientras haya una base de datos común donde se almacene la información y sea recuperable, exisistirá la comunicación y la transformación de energía e información. La conducta en tiempo real del Pabellón de agua salada es un proceso en funcionamiento. Una estación climática en una boya marina genera datos sobre la longitud de ola, la velocidad del viento, la temperatura del mar, el contenido en sal del agua, etc., que se importan como datos no tratados al sistema de procesado del edificio. Los datos se transforman en señales MIDI, que a su vez se mandan a una consola para manejar las luces y el sonido. La configuración completa se ejecuta en tiempo real, la conducta de las luces y el entorno sonoro en el interior del pabellón está conectada directamente, aunque no linealmente, con los datos entrantes en tiempo real. El control de la condiciones climáticas en el mar del Norte se transforma durante la ejecución del proceso

PENSAD EN CADA SECTOR COMO UN VEHÍCULO QUE ABSORBE ENERGÍA E INFORMACIÓN, LAS PROCESA Y LAS PRODUCE. [...] EL SECTOR TRANSFORMA LA ENERGÍA Y LA NATURALEZA DE LA INFORMACIÓN. [...] MIENTRAS HAYA UNA BASE DE DATOS COMÚN DONDE SE ALMACENE LA INFORMACIÓN Y SEA RECUPERABLE, EXISISTIRÁ LA COMUNICACIÓN Y LA TRANSFORMACIÓN DE ENERGÍA E INFORMACIÓN.

en algo totalmente distinto, en la luz de ambiente y el envolvente masaje sonoro.

5ª NORMA: El estilo del cuerpo de cada sector debe ser concebido en la velocidad y la fricción. Cada sector se nutrirá de datos, los procesará y los producirá durante el proceso de diseño. El procesado de este flujo informativo del diseño es lo que llamamos el estilado emotivo de los datos. Esculpir los datos durante el diseño lleva a la concepción real de cada futuro sector, que procesará datos en tiempo real en tanto que sistema adaptivo complejo de por sí. Ése es el vínculo: se debe mantener vivo el flujo de información. No debe detenerse el flujo, debe dejarse correr, que transcurra. Operar dentro de este flujo de alto contenido informativo es como andar en la cuerda floja en lo alto de las Cascadas del Niágara. Si uno se cae, se pierden todos los datos. Si se logra no ahogarse en el océano de posibilidades, se habrá aprendido a cooperar con el flujo de datos. Colaborar en esta corriente de datos pasa por estilizar las secuencias informativas de ADN y por consiguiente afectar el resultado generado. Estilizar los datos digitales es un proceso más rico en información que trabajar con arcilla física. Se enriquece el flujo informativo, se mantiene vivo y se refuerza, en lugar de enviarse hacia un callejón sin salida. Estilizar los datos, que es una forma de programar el uso de una interfaz gráfica, está desarrollando el modelo evolutivo tridimensional de un proyecto de nueva creación. El objetivo es mantener este bebé proyecto en vida y educarlo de la infancia a la madurez en la inmensidad de proyectos propuestos y en último término realizados. Estilizar las líneas elásticas organiza con belleza la nube de puntos de datos. No todas las líneas son bonitas, el efecto del estilizado lo juzga la vista, y será juzgado en velocidad, a la velocidad de un coche de carreras que recorriera el Circuito de Cataluña. El estilo debe ser fluido, por mucha fricción que seguramente vaya a encontrar. La fricción de las curvas del circuito, la fricción de las transformaciones de un sector a otro, al igual que la fricción de los neumáticos del coche en el asfalto, las fricciones del propio intelecto en el proceso de comunicación con uno mismo y con el ordenador, que procesa los datos. Se debe dar sentido a la organización de datos de cada concepto, y se debe actuar siempre desde la velocidad y la fricción.

PIÉNSESE COMO PROGRAMADORES, EN PARÁMETROS. LO QUE DEBE HACERSE SIEMPRE ES ENTRAR EN CONTACTO CON EL CÓDIGO GENÉTICO DE CADA PROPUESTA CONCEPTUAL, Y TRABAJAR A PARTIR DE AHÍ. PUEDE REDACTARSE EN CUATRO LÍNEAS LA ESENCIA MISMA DE VUESTRA PROPUESTA DE SECTOR. REDÁCTESE COMO LO HARÍA UN PROGRAMADOR, ESCRIBIENDO CADENAS DE CÓDIGO.

dos partes activas implicadas. Se debe pensar en cada proyecto y en la ciudad como jugadores activos. Considérese cada elemento constructor como accionador proactivo que intercambia datos entre ellos y con vosotros. Debe encontrarse una forma de comunicarse en tiempo real con los datos que manejéis.

7ª NORMA: Cada sector debe tener un nombre. Quizá se haya reparado ya que en el Circuito de Cataluña cada curva ha sido adquirida por una gran empresa, una entidad bancaria, una aseguradora o un fabricante de automóviles. Cada curva está bautizada. Con su nombre demuestra tener un carácter individual, la curva tiene identidad. La curva se mantiene gracias a los fondos de la empresa, la curva salta al campo comercial global, la curva local desempeña su papel a escala internacional. Darle un nombre a una curva significa darle marca. La adquisición de marca es un proceso fascinante y fundamental en el comercio a fin de mantener una posición en el imaginario de consumidores y productores. Ahora se ha dividido la C³ en una serie de 14 sectores distintos, cada cual con su nombre, cada cual haciendo las veces de un jugador individual en la adquisición de marca local y global de la C³. Los buenos nombres perduran en la memoria de más gente, y si al nombre memorable le acompaña la experiencia adecuada, el sector puede acabar siendo un éxito comercial, que atraerá a esa

6ª NORMA: El cuerpo de cada sector tiene acción, interacción y conducta. Vuestro sector será un hipercuerpo proactivo, un vehículo interactivo de múltiples jugadores que come, digiere y libera información. Ni tan siquiera se intente que se asemeje a un animal o, literalmente a un cuerpo animado. La meta del taller «BCN Speed & Friction» es colocar el código de cada diseño en el bucle continuo de información de la C³, elaborar cada diseño dentro de ese flujo y compilar una propuesta que viva en y desde el flujo. Tan sólo puede haber interacción si existen como mínimo

gente a trabajar, vivir, pasar su tiempo de ocio, negociar y divertirse, experimentar la potencia de la velocidad y la fricción. Piénsese en la empresa que presta el nombre al sector como fuente de inspiración para el desarrollo comercial del programa. Las buenas marcas de sector son comunicativas, atractivas y remiten a los deseos latentes y ocultos del público.

8ª NORMA: Piénsese como programadores, en parámetros. Lo que debéis hacer siempre es entrar en contacto con el código genético de cada propuesta conceptual, y trabajar a partir de ahí. Puede redactarse en cuatro líneas la esencia misma de cada propuesta de sector. Redáctese como lo haría un programador, escribiendo cadenas de código. El arquitecto informativo del presente ha dejado de dibujar líneas [ni bidimensionales ni tridimensionales], sino que diseña un diagrama viviente de la secuencia de desarrollo. Hoy en día, el arquitecto es el programador genético de sus propuestas. La arquitectura del código genético es totalmente transparente para los demás, para las demás disciplinas. Cada uno de los pasos de esta elaboración es una cadena de código y, como tal, puede comunicarse con terceros. Evidentemente, la naturaleza de esa actitud para con la arquitectura es del todo paramétrica. Cambiar de parámetros en los primeros estadios de la elaboración del proyecto puede generar cambios drásticos en la apariencia que tendrá el proyecto en las últimas etapas. Si se establecen los parámetros correctamente, todos los bloques de construcción del diagrama quedarán vinculados entre si de manera interactiva. Debe colocarse a los actores de cada sector en una hoja de cálculo, deben construirse relaciones entre los actores del sector, e inventarse una fórmula de marca para cada sector.

9ª NORMA: Los tutores deberán circular de sector en sector. Un equipo de 14 tutores, incluidos nosotros [Oosterhuis_Lénárd], circulará de sector en sector. Como rutina pasarán media jornada hablando con el grupo de 15 alumnos de cada sector. Tras esa media jornada, se hace balance, se elabora un informe y el sector se prepara para el próximo tutor circulante. Y así discurre una semana entera hasta que el tutor regresa al grupo inicial. El tutor visitante abre el debate en un sector en concreto y al final vuelve para juzgar los resultados de la evolución, acompañados e influidos por los 13 tutores restantes. Este concepto de tutor circulante constituye la base del proceso buscado de

LA ARQUITECTURA DEL CÓDIGO GENÉTICO ES TOTALMENTE TRANSPARENTE PARA LOS DEMÁS, PARA LAS DEMÁS DISCIPLINAS. CADA UNO DE LOS PASOS DE ESTA ELABORACIÓN ES UNA CADENA DE CÓDIGO Y, COMO TAL, PUEDE COMUNICARSE CON TERCEROS. [...] SI SE ESTABLECEN LOS PARÁMETROS CORRECTAMENTE, TODOS LOS BLOQUES DE CONSTRUCCIÓN DEL DIAGRAMA QUEDARÁN VINCULADOS ENTRE SÍ DE MANERA INTERACTIVA.

diseño participativo. Cada sector debe colaborar con sus sectores más inmediatos, intercambiando opiniones y datos. Y cada sector deberá encajar y manejar las recomendaciones de los 14 tutores individuales. El taller «BCN Speed & Friction» es, más que nada, un ejercicio en grupo de diseño cooperativo. Entre todos se diseñará una ciudad de circuito en bucle consistente en 14 sectores en permanente comunicación. Doscientas cincuenta mentes individuales quedarán conectadas como en una mente enjambrada para diseñar una propuesta compleja. Una propuesta de sistema adaptivo complejo que llamaremos C³.

10ª NORMA: Los ayudantes holandeses del Hyperbody Research Group (HRG), el equipo de ONL, así como el diseñador de interfaces interactivas y crítico invitado Bert Bongers comentarán aspectos específicos de velocidad y fricción con cada uno de los 14 equipos. Se han asignado papeles concretos a los tutores individuales, que deberán interpretar. Como buen adicto al diseño automovilístico, Gijs Joosen (miembro del personal de ONL) se centrará en el desarrollo de vuestro sector como vehículo en velocidad y fricción. Chris Kievid (de ONL y estudiante ayudante del HRG) hará hincapié en el concepto del cuerpo, la construcción del cuerpo de conceptos hipercorporales. Misja van Veen (estudiante ayudante del HRG) se encargará de la ciudad como sistema adaptivo complejo, la ciudad como forma distribuida de inteligencia. Michael Bittermann (HRG), que elaboró como su tesis en la TU de Delft un entorno tridimensional e-motivo, intuitivo e interactivo para hojear archivos personales, comentará con vosotros la naturaleza y el potencial del flujo informativo concebido y diseñado desde la velocidad y la fricción. Bert Bongers, que ha residido en Barcelona durante años, prestará más atención a formas intuitivas de interactuar con computación omnipresente y comentará con los alumnos de la ESARQ hasta qué punto la propuesta arquitectónica de cada sector puede considerarse la interfaz entre vosotros y el entorno. Kas Oosterhuis y Ilona Lénárd tendrán control absoluto sobre el contenido, progreso y normas del taller. Siguen sus propios instintos con naturalidad y por ello analizarán junto con los 14 tutores y los 14 grupos los entresijos del taller 'BCN Speed & Friction'. Todos los días se reúnen los tutores y ponen a punto las estrategias escogidas para ajustar el flujo diario imparable de acontecimientos. Kas Oosterhuis y Ilona Lénárd han fijado las reglas del juego y se encargarán de que los tutores y los alumnos las respeten. Su máxima aspiración pasa por ser la mejora evolutiva de dichas normas.

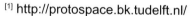

[1] http://protospace.bk.tudelft.nl/

[2] http://protospace.bk.tudelft.nl/

MICHAEL BITTERMANN

THE HYPERBODY PARADIGM. ARCHITECTURE AS A GAME
The Hyperbody Paradigm is the theoretical framework applied by Kas Oosterhuis and his research group at the Architecture Faculty of TU Delft. [for details see www.hyperbody.nl]

THE APPLICATION OF THE HYPERBODY PARADIGM

WHAT ARE THE GENERIC CHARACTERISTICS OF GAMES?

A game is a goal-oriented process, different from reality [Boisserie, 2002]. It has a reality vector. A game may have the purpose of providing joy, pleasure, excitement to the individual players, have social functions, etc. At the same time it has an abstract component. A system of representations of real-world elements is used to establish processes similar but different from real world situations.

A game organises the exchange of information among players according to a set of rules. This rule-set is generally laid out previous to the game and is mostly fixed. The game environment is considered everything facilitating this exchange of information. Games generally have goals. Such goals describe desirable conditions for the players. They are generally providing the motivation in the game for the players to play. Players want to match to the goal condition in order to win. A combination of several goal conditions or an individual goal condition describe the end-of-game-condition.

HOW CAN THE DESIGN PROCESS BE SEEN AS A GAME?

The design process, like a game, has a real life vector and an abstract vector. The real-life component is the intention to use the design process to determine a future building. The abstract component is the use of concepts, and representations for decision making purposes. Like in a game a representational system is established which facilitates the exchange of information and knowledge to make decisions towards the fulfilment of the goal-conditions.

The design process is, like a game, also a goal-oriented process. The ultimate goal of the design process is to describe a future building so that it can be realized.

Desires and goals are expressed, as design requirements and possibilities as well as constraints are explored to make determinations about a future building. In contrast to the game, are the rules defining the players´ collaboration in the design process generally not fixed and the goals-conditions describing the desired performance of the

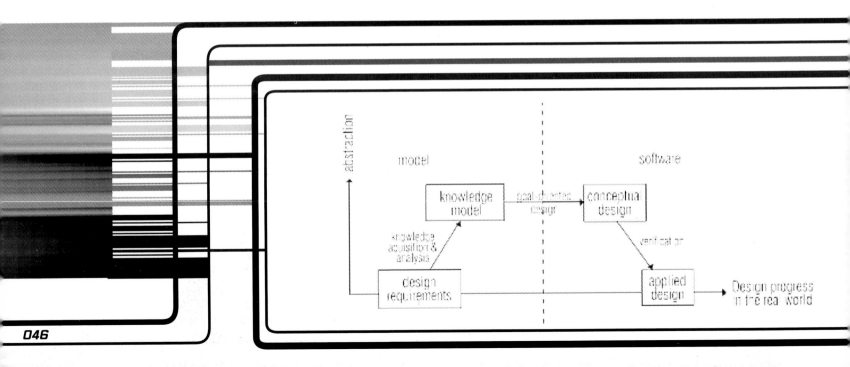

future building are changing in course of the design process. Some objectives may become apparent only after proposing and evaluating potential solutions. The design process simultaneously explores both the space of design problems and design solutions. [1] In that respect the comparison with a game has shortcomings.

HOW CAN A BUILDING BE SEEN AS A GAME?

A building is a system which facilitates human interaction and experience. A building is trying to enable a desired interaction and experience. It is trying to match the facilitated interaction and experiences as good as possible with the desired experience of the users.

In the hyperbody paradigm buildings are considered interactive, that means buildings have means to deal with information in a process over time. The building, in contrast to the games described above, is a process, possibly without a time-limit. An interactive building is at every moment engaged in adapting itself to enable the user`s desired experience. Desires of users can change in course of time. If a building would not have ways to adapt the provided experience, it might not be fitting optimally with the desires of the user.

There are constraints regarding an interactive building´s adaptability which are imposed by the constraints inherent to the involved interactive building components and systems. An interactive building is negotiating a larger number of information items while analyzing the desired conditions of the various players involved to define its best possible state at every moment. There might be conflicting goals it has to deal with. Depending on the complexity of this adaption, the experience of the human user may be that of someone not only facing an adaptive but a proactive building, a building with its own ´personality´.

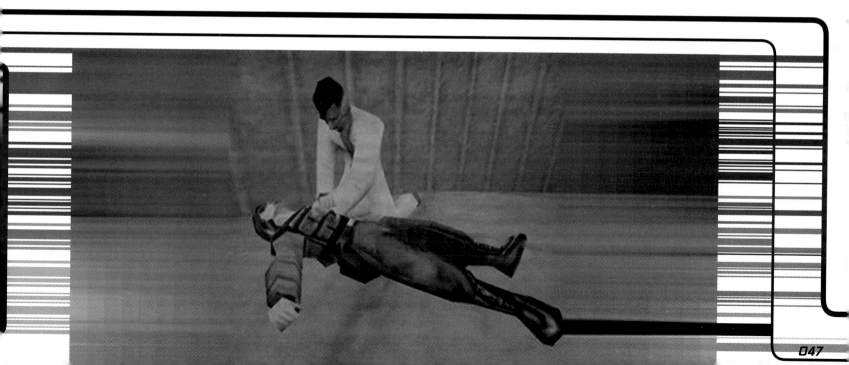

THE APPLICATION OF THE HYPERBODY PARADIGM IN THE WORKSHOP ´BCN SPEED & FRICTION´

THE BUILDINGS DESIGNED IN THE WORKSHOP BCN SPEED & FRICTION

All projects of the Barcelona Formula have at least one thing in common: They involve some kind of realtime-parametric mapping. A real-time parametric mapping is an assigned relationship between variables in realtime. These variables can refer to the building´s current state and to conditions which can influence this state. The mapping describes how a change of the value of one variable affects other variables.

Here are some examples of the variables that were involved in the students mappings: The speed of the racecar, the sound of the racecar, the amount of people in a specific area of the building, their activities etc.

The students coupled these variables to variables of the building. Such as the geometry of the building, the visual expression of the building and other, atmosphere related, variables.

An important issue remains the finding of suitable ways to assess the implications of a particular mapping regarding the users´ experience.

THE DESIGN PROCESS OF THE WORKSHOP BCN SPEED & FRICTION

The student groups had relatively little time for the design. Intuitive decision making was imperative. Quick choices had to be made regarding the concept to follow, the [parts of] ideas to keep and the ones to abandon.

I remember one of the early meetings I had with a student group. We gathered around a table. I noticed that the group members were rather clueless about what to do. They were timidly thinking and talking about the project but were in no other ways externalising and working on their ideas. I invented a little game which I hoped, would help them. I organized copies of the floorplan of their piece of the site in a larger scale for everyone of the group members. Then I told them to use different color-pencils to start drawing individually onto the plan. They

had 5 minutes to express whatever ideas would come to their minds. Mainly they were expressed graphically. Words describing concepts were rarely introduced at this point. After the five minutes were over I told them to pass their design on clockwise, to the student sitting to the left of them. Everyone was now facing a design, or rather a fragment of a design, foreign to him/her. I asked them to modify and upgrade the idea they had received within the coming 5 minutes.

Afterwards they had to pass on their designs again and they had to add labels defining the program in the building and describing conceptual features. Then they passed it on again. Now they faced already a somewhat complex, multi-authored scheme which was foreign to them. I asked them to define sections and elevations of the plan they are facing. In the next round they had to formulate a question which they consider the most relevant question, to which the answer would define to great extend the character of the building as a whole.

After that we were publishing the designs on the blackboard and made a small presentation. Since the projects had been subject to multiple authors, no individual student would be able to exactly and completely explain the reasoning involved in the design. In the presentation of course the persons who were still unfamiliar with a work had to interpret them. Finally the student interpreting had to give a rating to the plan. [s]he had to express which elements [s]he liked/disliked about the project and had to express with a number, how high [s]he considered the potential of this plan regarding to become a successful element in the Circuit City.

The rather surprising richness of the results produced in this little experiment lead me to believe several things about design which are still speculative to a certain extent.

ONE OF THEM IS ABOUT COLLABORATION IN DESIGN

I believe it is important, that the author of a work to a degree can disassociate from the total design. In other words, I assume that a designer may give better impulse to a design if [s]he would not bear the responsibility for all aspects of the project but for a number of aspects of it. Of course the definition of the individual expertise has to be carefully considered.

Operating in such a manner to an extent, frees architects from the burden to be on top of everything, to be the master of the total project or in case [s]he would not be that, to pretend that [s]he would be. Instead the focus would be much more on the actual content, the actual design decision - the design itself. Knowing what you are good at and contributing this in the appropriate form into the flow of the design process is the art of collaboration.

ANOTHER CONCLUSION IS ABOUT COMMUNICATION IN THE DESIGN

A drawing as a means of representation and communication of ideas has its own limitations and possibilities. A drawing can absorb ideas, in sufficiently complex designs, however remains some vagueness regarding the exact and complete meaning of the representation, no matter how ´precisely´ drawn a sketch is. This is not necessarily problematic. ´Misunderstandings´ might be fruitful under certain circumstances. In the course of the little exercise described above there were certainly many misunderstandings involved.

METAPHORS IN DESIGN. THE ELEGANCE OF THE MIND

Metaphors, allegories - comparisons in general are rather often used in design practise. They are certainly powerful tools in the process of considering implications of ideas and communicating ideas to others. Metaphors generally describe complex relationships of elements in a compact form and in a form very practical for the visually oriented mind of designers. Metaphors, however, if they are not well chosen and carefully considered, also bear the danger of being misleading and to produce non-suitable designs.

Referring to well established brain research, based on works conducted by Shannon back in 1954, I speculate that this way of thinking is

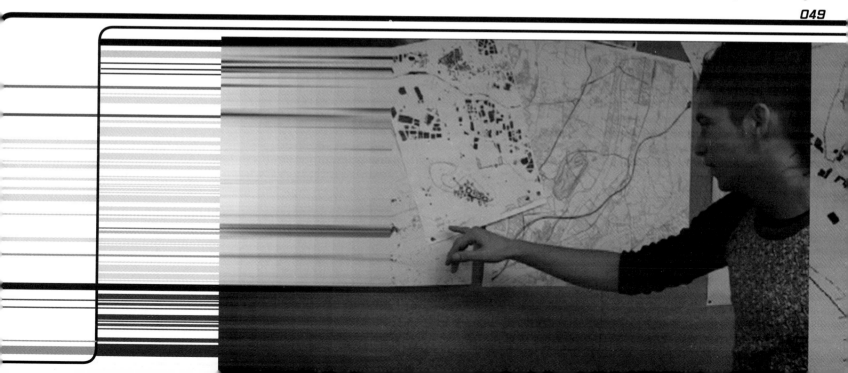

somewhat a method of the mind to overcome the shortcomings of human short-term memory. Shannon found that 7+/-2 items can be simultaneously considered in a human mind. In a building design a much larger number of factors are involved and have to be decided upon.

It seems to me, that the mind of the architect solves this shortcoming by attempting to mentally represent the complex relationship-network of the elements involved in the design into either pictoral information - the design ´vision´ - or into linguistic information - generally referred to as the design ´concept´. The quality of this attempt, the suitability of such a ´mental-mapping´, is most probably influenced by the compatibility of previous experiences of the designer as well as the information he has about the design, with the present design problem. The question how to increase this compatibility - is a highly topical research question in

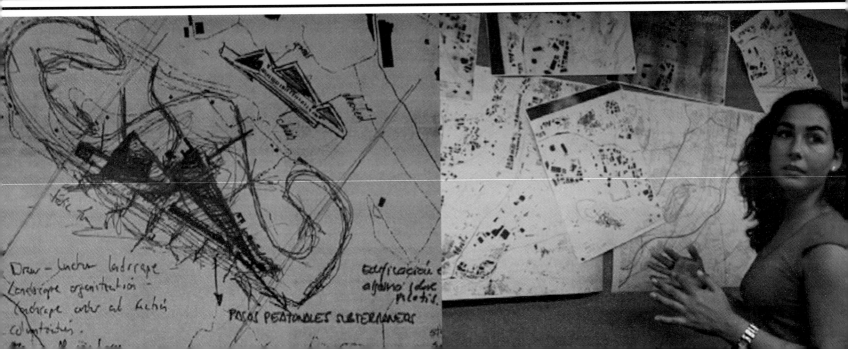

LA APLICACIÓN DEL PARADIGMA DEL HYPERBODY

MICHAEL BITTERMANN

EL PARADIGMA DEL HYPERBODY. LA ARQUITECTURA COMO UN JUEGO

El Paradigma del Hyperbody es el marco teórico aplicado por Kas Oosterhuis y su grupo de investigación en la Facultad de Arquitectura de TU Delft [detalles en www.hyperbody.nl].

¿CUÁLES SON LAS CARACTERÍSTICAS GENÉRICAS DE LOS JUEGOS?

Un juego es un proceso orientado a un objetivo, diferente de la realidad [Boisserie, 2002]. Tiene un vector de realidad. Un juego tiene el propósito de ofrecer alegría, placer, excitación a los jugadores, tiene funciones sociales, etc. Al mismo tiempo tiene un componente abstracto. Un sistema de representación de elementos del mundo real se utiliza para establecer procesos similares pero diferentes de las situaciones del mundo real. Un juego organiza el intercambio de información entre los jugadores según una serie de reglas. Estas reglas generalmente son previas al juego y casi siempre son fijas. El ambiente del juego es cualquiera que facilite este intercambio de información. Los juegos generalmente tienen unos objetivos. Estos objetivos describen condiciones deseables para los jugadores y proporcionan la motivación necesaria en el juego para que los jugadores jueguen. Los jugadores intentan lograr el objetivo deseado para ganar. Una combinación de varios objetivos o un objetivo individual, describe el final de la condición del juego.

¿CÓMO SE ENTIENDE EL PROCESO DE DISEÑO COMO UN JUEGO?

El proceso de diseño, como un juego, tiene un vector de realidad y un vector abstracto. El componente de realidad es la intención de usar el proceso de diseño para determinar un futuro edificio. El componente abstracto es el uso de conceptos, y representaciones para propósitos de toma de decisiones para cumplir los objetivos iniciales.

El proceso de diseño es como un juego, también un proceso orientado hacia un objetivo. El último objetivo del proceso de diseño es describir un futuro edificio de tal manera que pueda realizarse.

UN JUEGO ES UN PROCESO ORIENTADO A UN OBJETIVO, DIFERENTE DE LA REALIDAD. [...] UN JUEGO ORGANIZA EL INTERCAMBIO DE INFORMACIÓN ENTRE LOS JUGADORES SEGÚN UNA SERIE DE REGLAS. ESTAS REGLAS GENERALMENTE SON PREVIAS AL JUEGO Y CASI SIEMPRE SON FIJAS.

Los deseos y objetivos se expresan como los requisitos y posibilidades, a la vez que las obligaciones se exploran para determinar el futuro edificio. En contraste al juego, las reglas que describen a los colaboradores en el proceso de diseño generalmente no están fijadas, y los objetivos que describen las condiciones de funcionamiento del edificio propuesto se mantienen en constante cambio durante el proceso de diseño. Algunos objetivos son evidentes sólo después de

cognitive sciences, ontology and knowledge management research.

[1]   Lawson, B. [1990]. *How Designers Think*, Butterworth Architecture, Boston

proponer y evaluar soluciones potenciales. El proceso de diseño explora simultáneamente los problemas del espacio de diseño y las soluciones de diseño.[1] Por lo que la comparación con un juego tiene sus defectos.

¿CÓMO SE ENTIENDE UN EDIFICIO COMO UN JUEGO?

Un edificio es un sistema que facilita la interacción humana y la experiencia. Un edificio intenta permitir la interacción y la experiencia deseada. Intentando igualarlas de tal manera que sean tan buenas como las experiencias que desean los usuarios.

En el Paradigma del Hyperbody los edificios se consideran interactivos, esto significa que los edificios tienen los medios de tratar con información en un proceso a lo largo del tiempo. El edificio, en contraste con los juegos descritos anteriormente, es un proceso posiblemente sin un límite de tiempo fijo. Un edificio interactivo se encuentra en cada momento ligado y adaptándose para proporcionar a los usuarios la experiencia deseada. Los deseos de los usuarios pueden cambiar a lo largo del tiempo. Si un edificio no tiene la capacidad de adaptarse para proporcionar la experiencia deseada, no esta cumpliendo de una manera óptima con los deseos del usuario.

Existen limitaciones acerca de la adaptabilidad de un edificio interactivo que están impuestas por las limitaciones intrínsecas a los componentes y sistemas de un edificio interactivo. Un edificio interactivo negocia un gran número de unidades de información mientras analiza las condiciones deseadas de los varios jugadores involucrados para definir su mejor estado en cada momento. Puede que existan objetivos

LOS EDIFICIOS DISEÑADOS EN EL TALLER ´BCN SPEED & FRICTION´

Todos los proyectos de Barcelona Fórmula tienen al menos una cosa en común, hacen uso de alguna manera del mapeado paramétrico a tiempo real. Un mapeado paramétrico a tiempo real es una relación asignada entre variables a tiempo real. Estas variables se pueden referir al estado actual del edificio y a condiciones que pueden influenciar este estado. El mapeado describe como un cambio en el valor de una variable afecta otras variables.

Aquí hay algunos ejemplos de las varias variables que estuvieron implicadas en los mapeados de los estudiantes: la velocidad de un coche de carreras, su sonido, el número de personas en un área específica del edificio, sus actividades, etc, etc.

Los estudiantes emparejaron estás variables con las variables del edificio. Tales como la geometría del edificio, la expresión visual del edificio y otras variables, referidas a lo atmosférico.

Un tema importante sigue siendo el encontrar las maneras adecuadas de determinar las implicaciones de un mapeado determinado relacionado con las experiencias de los usuarios.

EL PROCESO DE DISEÑO DEL TALLER BCN SPEED & FRICTION

Los equipos de estudiantes han tenido relativamente poco tiempo para el diseño. Decisiones intuitivas fueron imperativas. Decisiones rápidas en el concepto a seguir, las [partes] ideas a guardar y las que era necesario abandonar.

Recuerdo una de las primeras correcciones con un grupo de

contrarios con los que tendrá que tratar. Dependiendo de la complejidad de esta adaptación, la experiencia del usuario humano será no sólo la de alguien dando la cara a un edificio adaptante pero proactivo, un edificio con su propia personalidad.

LA APLICACIÓN DEL PARADIGMA DEL HYPERBODY EN EL TALLER ´BCN SPEED & FRICTION´

estudiantes, nos reunimos en torno de una mesa. Me dí cuenta de que aquel grupo no tenía ninguna pista de qué hacer. Pensaban y hablaban tímidamente acerca del proyecto, pero de ninguna manera comunicaban ni trabajaban sus ideas. Me inventé un pequeño juego que esperaba que les ayudara. Organicé unas copias de la planta de emplazamiento a una escala mayor para cada uno de los miembros del equipo. Entonces les dije que utilizaran lápices de distintos colores para dibujar individualmente en la planta. Tuvieron cinco minutos para expresar cualquiera de las ideas que se les viniera a la cabeza. La mayoría se expresó gráficamente. Palabras describiendo conceptos no fueron muy populares en este momento. Cuando se acabaron los cinco minutos les hice pasar los diseños en el sentido de las agujas del reloj al alumno que se sentaba a su izquierda. Todos tenían ahora un diseño, o mejor un fragmento de un diseño, desconocido.

Les invité a que modificaran o mejoraran la idea que habían recibido en los siguientes cinco minutos.

Después tenían que pasar sus diseños de nuevo y tenían que añadir etiquetas definiendo el programa del edificio y describiendo los conceptos. Entonces los volvieron a pasar. Ahora se encontraron con un esquema algo complejo, de varios autores, que les era desconocido. Les propuse que dibujaran secciones y alzados de la planta que tenían delante suyo. En la siguiente vuelta, tenían que hacer una pregunta de lo que consideraban era la cuestión más relevante, de la que su respuesta debía indicar el carácter del edificio como un todo.

Después de esto pinchamos los proyectos e hicimos una pequeña presentación. Como los proyectos habían sido objeto de múltiples autores, ninguno de los alumnos fue capaz de explicar exacta y completamente el razonamiento involucrado en el diseño. En la presentación, por supuesto, los

alumnos que no se sentían familiarizados con el trabajo lo tuvieron que interpretar. Finalmente el alumno que lo interpretaba tenía que puntuar la planta. Él o ella, tenían que expresar qué elementos les gustaban o disgustaban más del proyecto y tenían que expresar con un número el potencial de la planta en lo relacionado a llegar a ser un elemento interesante en la Ciudad del Circuito.

La riqueza en los resultados de este experimento me llevaron a creer en ciertas cosas acerca del diseño que, hasta cierto extremo siguen siendo especulaciones.

UNA DE ELLAS ES ACERCA DE LA COLABORACIÓN EN EL DISEÑO

Creo que es importante que el autor de un trabajo en cierto grado pueda disociarse del diseño total. En otras palabras, asumo que un diseñador puede ofrecer mejores impulsos a un diseño si él/ella no tienen la responsabilidad de todos los aspectos del proyecto sino sólo de un número de ellos. Por supuesto la definición de la maestría individual se tiene que considerar cuidadosamente.

Operar de esta manera, libera al arquitecto de la carga de estar encima de todo, para ser él la cabeza del proyecto total, y en el caso de no ser así, para pretender serlo.

Se centra en el contenido real, la toma de decisiones relativas al diseño – el diseño mismo. Saber en lo que eres bueno y contribuir en la manera adecuada al proceso de diseño es el arte de colaborar.

OTRA CONCLUSIÓN ES ACERCA DE COMUNICAR EL DISEÑO

Un dibujo como medio de representación y comunicación de ideas tiene sus propias limitaciones y posibilidades. Un dibujo puede absorber ideas, en diseños lo suficientemente complejos, de alguna manera permanece vagamente el sentido y significado exacto de la representación, no importa lo ´preciso´ que sea un croquis. Esto no es necesariamente problemático. ´Malentendidos´ pueden ser fructuosos bajo ciertas circunstancias. En el curso del pequeño ejercicio descrito arriba, ciertamente hubo muchos malentendidos involucrados.

EN OTRAS PALABRAS, ASUMO QUE UN DISEÑADOR PUEDE OFRECER **MEJORES IMPULSOS A UN DISEÑO** SI EL/ELLA **NO** TIENE LA **RESPONSABILIDAD** DE TODOS LOS **ASPECTOS** DEL PROYECTO **SINO** SÓLO UN NÚMERO DE ELLOS.

METÁFORAS EN DISEÑO. LA ELEGANCIA DE LA MENTE

Metáforas, alegorías, comparaciones en general son a menudo utilizadas en la práctica del diseño. Son ciertamente herramientas muy potentes en el proceso de considerar implicaciones de ideas y para comunicar ideas a otros. Las metáforas que generalmente describen relaciones complejas de elementos de una forma compacta y de una manera muy práctica para la mente del diseñador orientada hacia lo visual. Sin embargo las metáforas, si no se eligen bien y son cuidadosamente consideradas, tienen el peligro de inducir el engaño y de no producir diseños convenientes.

Refiriéndonos a una bien establecida investigación del cerebro, basado en la investigación llevada a cabo por Shannon en 1954, yo especulo que esta manera de pensar es de alguna manera un método de la mente, de solventar los defectos de la memoria humana a corto plazo. Shannon descubrió que la mente humana puede considerar simultáneamente un número de 7+/-2 cosas. En el diseño de un edificio un número mucho mayor de factores sobre los que se tienen que tomar decisiones están involucrados.

A mi modo de ver, la mente del arquitecto solventa este defecto intentando representar mentalmente la compleja relación en red de los elementos involucrados en el diseño bien en información pictórica – la visión del diseño – o en información lingüística, generalmente referida al diseño del ´concepto´. La cualidad de este intento, lo adecuado de este ´mapeado mental´, está probablemente muy influenciado por la compatibilidad de las experiencias previas de los diseñadores al igual que por la información que tiene acerca del diseño, con el problema presente del diseño. La pregunta ¿cómo mejorar esta compatibilidad?, es una pregunta tópica en la investigación en ciencias cognoscitivas, ontología e investigación en la gestión del conocimiento.

[1] Lawson, B. [1990]. *How Designers think*, Butterworth Architecture, Boston.

DIARY OF A TRAVELLING TUTOR
25 SEPTEMBER TO 3 OCTOBER 2003

AMANDA SCHACHTER

THURSDAY, 25 SEPTEMBER

With the compiled computer lists of student teams participating in the *Barcelona Speed and Friction Workshop* in one hand and Kas's ten basic rules in the other, I make a calculation: fourteen tutors will coach fourteen teams in fourteen successive sessions through fourteen sectors over seven days. It's a mountain of data flow on the scale of a flood, earthquake, or eruption - enough to produce a city, once the tectonic plates settle. Each team is to model its corresponding sector as part of an envisioned 'Catalunya Circuit City.' We the tutors are to travel among the design teams and their emerging zones for the event's duration, encouraging designs as responsive and fine-tuned as a Formula One racecar.

We are all poised, engines revving, at the start of a week-long design race, awaiting flags. And, as in any sport, strategy is essential to both drivers and team coordinators. As traveling tutors, the tools we use must be equipped to tantalize the students with a certain aspect of speed, to be applied to a city-to-be, inscribed in a F1 racetrack. Like the archetypal traveling salesman who sells the flowing dream of consumption and status as the 'solid state' of arriving impromptu at one's doorstep with new merchandise, the traveling tutor must move effectively - perhaps even detachedly - while moving the students, in an ongoing expression of the impacting yet fleeting

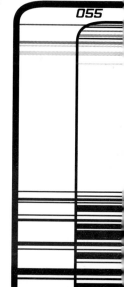

inexorability and volatility of speed.

Team charts have been printed and passed around to guide us as we run through the teams in descending numeric order, from sector to materializing sector. The tutors' names form columns corresponding to a calendar by the half-day, while the team members are arrayed; each charts a formula, in essence, of the team's interactive input through time. What remains to be seen are the formulas for output to the laps around the circuit.

Each morning and afternoon there is a reshuffling of team charts as each tutor picks up the next sheet in descending order and visits his or her team-of-the-hour. I find the chart for Group 12; it is clean, empty.

After fourteen half-days I'll be holding this same sheet in my hands again, having ridden the full circuit in reverse, the sheet brimming with tutors' marks and remarks. Because we tutors move backwards, the students will feel, relatively, even more of a sensation of speed.

Yet another variable is thrown in: we are to absorb a visiting group of Canadian students, dispersing them to about two per team. Check shocks, replace tires, bolt wheels, and up lollypop.

Students are congregating in growing numbers in the vestibule and on the lawn outside the auditorium, smoking and chatting, holding and eyeing the race-rules handouts. I remain still in my seat; the opening talk is delayed due to technical difficulties.

FRIDAY, 26 SEPTEMBER

Christian Babler lectures on the geometry and ergonomics of racecar driving before a high white dry-erase board on which he's drawn steering wheels with iconic hands at strategic gripping angles and the snaking lines of drive-vectors that course through road sections. His specialty is the Rally, which is evident in that he's not talking as much as moving his entire body, as though it were undergoing the forces of razor-backs and rabbit-bumps taken at breakneck

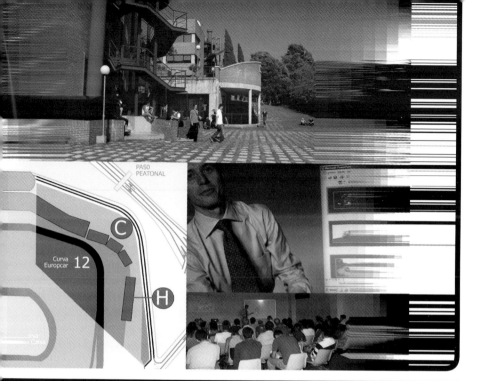

in which the most virtuous human decision-making is put to the test. F1 has reduced the worldly variables to an abstract, almost metaphysical minimum, from what was once in the early twentieth century a city-to-city race with unforeseen dangers on the open road, to a closed, controlled circuit that sets the stage for the highest of human performance. I wonder how this reduction of real life to a high-tech set of performance variables will be inscribed on the fourteen neighborhoods of Catalunya Circuit City.

Out of the curves of the first day, I join Group 12 at around 4 pm. The promise of speed as a design tool is attractive to the students, but they are stunned by the totemic magic of the racecar, too transfixed to take the driver's seat, let alone the wheel. Each has been asked to photograph an object and to flowchart the forces acting on and flowing through it. There's a picture of a motorcycle helmet - the same as I see one of them holding now; there's a radio, picking up invisible waves; there's even water running from a kitchen faucet - but no flowcharts. Together, we draw diagrams that reveal the interactive flow beyond and within the limits of the photographed objects. They seem a little slow entering the curve; let's hope Team 12 will accelerate on their way out, as Babler recommends.

The team is choosing a captain when I turn to find a camera

speeds, muddy wheels spinning in air. Babler steers an imaginary wheel along a hypothetical road following his hidden itinerary, and I'm working to keep up with him, relaying a simultaneous Spanish-to-English translation to a Dutch tutor on my left.

Babler is now negotiating a sacrifice curve, carefully embroidering a trajectory at top speed. He explains that in order to hold the road through an S-curve, the driver must see it to its end, carving a slower, longer arc through the first to prepare an attack on the second. I realize that what's dazzling about Formula One isn't the high, technical perfection of the circuit and car in a platonic vacuum - as the current practice of putting the winning car itself on a podium at the end of a *Grand Prix* might lead one to believe - but the streamlined conditions

pointed our way. We all huddle together, team and tutor, into a compact image. "Say cheese," smiles Kas as he flashes by.

The race is on.

SUNDAY, 28 SEPTEMBER

By 8pm I've escaped Bonanova, standing at a sidewalk bar in El Raval downtown with Alex, another traveling tutor in the workshop, who is animatedly involving the bartender in the promise of this weekend's big F1 event to win him over and keep him from channel-surfing for music videos.

The *Indianapolis 500 Grand Prix* is on this weekend in the USA and the final, televised in real time at midday CST [United States Central Standard Time], conveniently coincides with Barcelona's tapas hour. No doubt Spanish Public TV is pleased to broadcast the event as a result of the "Alonsomania" captivating everyone since the already legendary racecar driver Fernando Alonso broke onto the F1 circuit with Minardi at age 20 two years ago, now racing with Renault. Come to think of it, Alonso could be a fourth-year student in one of my groups, taking the workshop's rhythm in stride.

Soon we've got most of the people around us staring at the looping cars as they bite into spicy olives, the place becoming a draw for passers-by. A woman runs into the bar to find out how Kimi Raikkonen is doing, asking if someone could keep an eye on him so that she can get the lowdown when she returns from dinner. She says, in a British accent, that she is one of Kimi's managers, having been with him just last week when he was driving practice laps around the Catalunya Circuit.

My eyes move between the racers held dead in the center of the TV-image's sights and the stands barreling around the cars in a blur. Every so often there's an unpredictable spin and a car flies out of the frame - another driver out of the race. But with the TV's telephoto lens and dogged camera-operator I'm neither sensing much depth nor able to see the drivers' or spectators' expressions that might help me dream of a populated racetrack-cityscape. The promise of volume that Catalunya Circuit City's 'C-cubed' implies is rendered flat in the mechanics of following the race. Mostly, I anticipate the excitement of the clocked pit stops when real people are transformed into a well-tuned machine, and the camera remains thankfully still. In less than seven seconds, twenty-two mechanics can guide the racecar into pit-box marks, change four wheels, refuel, alter the angle of the front or rear wings that increase or decrease down-force levels, and signal the driver to peel out of the pit and resume the race. Each mechanic

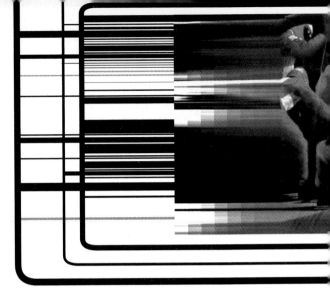

unitary pit-stop team], only I'm moving from team garage to team garage twice a day, perfecting a series of strategy-implementations to keep the student-groups on the circuit.

MONDAY, 29 SEPTEMBER

On Monday morning, I'm down to Group 7. Something about the pit-stop metaphor helps me hone in on their work. Two sub-groups have spontaneously formed due to a nagging language barrier, with two projects developing along parallel lines. I dream I am a Ferrari or MacClaren mechanic servicing an illustrious two-car team. The first to come in contains the Spanish-speaking drivers, who are hugging the track with two seated blobs in

performs one minute task, and having practiced the necessary motions countless times to reach a level of flawless rote, moves as unerringly as an automaton. I start to imagine that my role as the traveling tutor is something like that of a pit drone [the fourteen tutors all together, by extension, forming a mobile,

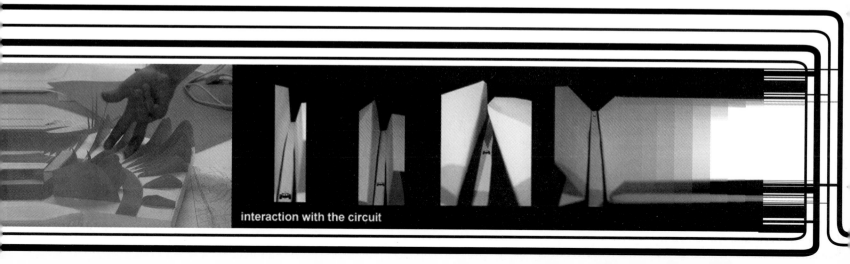

interaction with the circuit

foam, revealing the road as a burrowing void that bifurcates the otherwise solid-modeled, heaving sector. We strategize how to generate a form that will anticipate the force of the cars on the curve, touching on formula, diagram, and material. A half-hour later, the second car arrives driven by two English-speaking Canadians. They are making a model that interprets the same blob as a series of paper-thin planes in translucent orange plastic. There isn't much communication between the two cars right now, except for a tacit understanding that both are ultimately working to gain the same ground.

Upstairs, other tutors are arranging a trip to the Catalunya Circuit some forty kilometers northeast in Montmelo. There are too many students to organize a single efficient visit, but since the traveling tutors are mentally tuned to be on the move, and are relatively few, they make the move.

At noon I'm in a rented car with four other tutors driving north on a highway leaving Barcelona. When we get out of the car at the security gate that contains the circuit, I immediately sense the enormity of the place. Yes, this could be a city. A deafening noise roars every so often from within its expansive landscape, as if in conundrum with my inner thoughts. We see two workshop students emerging from a nearby car - students who have taken Kas's 'flow' message to heart.

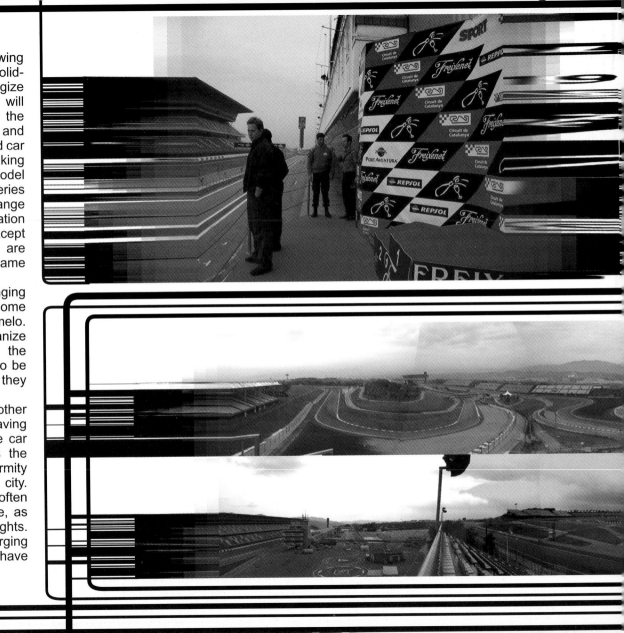

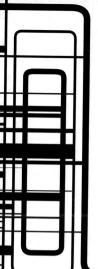

In Catalan they convince the guard to let us in, at least at 3pm when the director, Carles Fradera, can authorize our entry. The Catalunya Circuit is not open territory; 'C³' might as well stand for 'Closely Controlled Compound'.

While we wait, we grab lunch at a gas-station cafeteria off the highway.

When we finally do enter the raceway, I'm electrified by the charge surging through the circuit. I understand why people are kept from freely accessing it. Even when no race is on, the track wraps its spectator in swirling, dangerous fantasy. The anticipation of a vehicle burning rubber on the track while far exceeding any speed my own body has ever experienced, even when in a car, makes me want both to jump onto the track and keep a great distance from it - not entirely unlike how the students must feel about their animate designs and runaway tutors. I imagine experiencing the euphoria of the early modernists in the metropolis when the first horseless wagons appeared on the street. We sit unadventurously in the stands and follow the empty track expectantly, as though the still belt of asphalt itself were going to take off.

TUESDAY, 30 SEPTEMBER

The race is now accommodating some improvisation. The critics mix freely and interchangeably with the teams at more vertiginous a speed than the originally charted half-day rhythm. Utter mechanical evenness proves impossible as the tutors feel the urge to check back with groups they have already seen to better mark and encourage progress. I begin the afternoon with a rather well-

oiled Team 4. Two students generate architectural program while performing cartwheels now and then on the concrete floor between the rows of desks; others, huddled around one computer, edit presentation sequences while playing and replaying the opening credits of *Leaving Las Vegas* with its hurtling car and rapid-fire lane lines on a second monitor; another woman, wearing a mask, patiently sands a segmented foam model to a sculpted *Dune*-like eeriness. I discover that the roles of the pit-stop metaphor here seem to be reversed. With fluid ease, Group 4 is functioning like a crack maintenance crew, and I'm the driver, shouting "the sequence is working, but you need to give it formula!" over the roar of the engine. I see that even authorship flows dynamically within the workshop, moving tutors easing creative energy's

ebb and flow through the network. Concepts are born already on the move, passing through and among teams so fast that it's hard to say who's a driver, and when. With this new outlook, I set off unofficially for Group 7, now engaged with Misja [and his insistent hair], crossing paths with several tutors along the way.

Soon after I arrive, Gijs bursts in: "There's a fight downstairs in Group 1. The team is paralyzed." I begin to wonder if the mobile-tutor freestyle is confounding the students, trying to sail in stiff alternating gusts, the staccato blows of tutors out of opposite sides of the mouth leaving groups winded.

We run downstairs. No need to worry, I tell myself, the final review may be in less than 72 hours, but this kind of excitement is necessary to test our limits, making Formula One, after all, what it is. Wasn't Alberto expounding on the futurists' drunken fascination with speed and loss of control in his opening talk last Friday? I remember reading that Marinetti and his cohorts would provoke brawls in bars simply for the sake of stirring things up. They didn't care about the jolting confusion that would

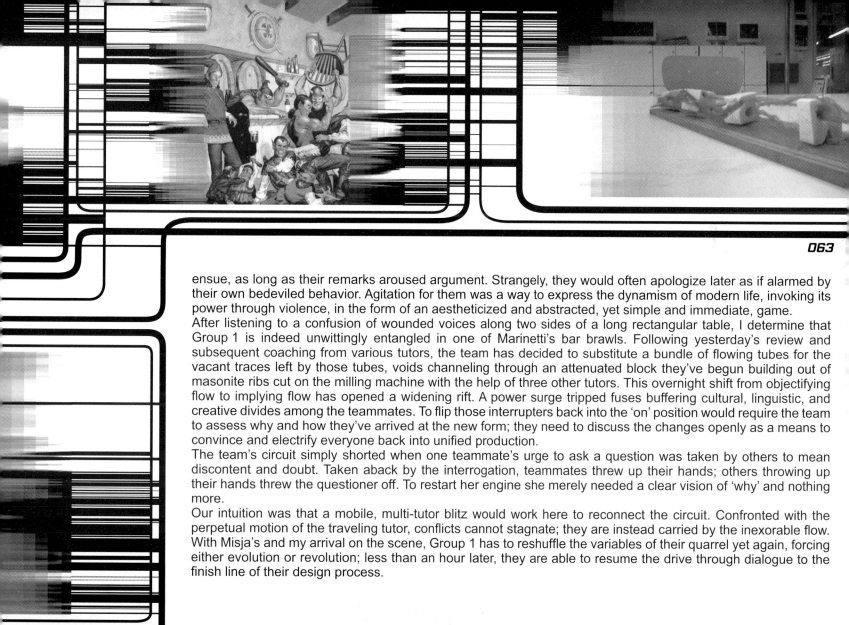

ensue, as long as their remarks aroused argument. Strangely, they would often apologize later as if alarmed by their own bedeviled behavior. Agitation for them was a way to express the dynamism of modern life, invoking its power through violence, in the form of an aestheticized and abstracted, yet simple and immediate, game.

After listening to a confusion of wounded voices along two sides of a long rectangular table, I determine that Group 1 is indeed unwittingly entangled in one of Marinetti's bar brawls. Following yesterday's review and subsequent coaching from various tutors, the team has decided to substitute a bundle of flowing tubes for the vacant traces left by those tubes, voids channeling through an attenuated block they've begun building out of masonite ribs cut on the milling machine with the help of three other tutors. This overnight shift from objectifying flow to implying flow has opened a widening rift. A power surge tripped fuses buffering cultural, linguistic, and creative divides among the teammates. To flip those interrupters back into the 'on' position would require the team to assess why and how they've arrived at the new form; they need to discuss the changes openly as a means to convince and electrify everyone back into unified production.

The team's circuit simply shorted when one teammate's urge to ask a question was taken by others to mean discontent and doubt. Taken aback by the interrogation, teammates threw up their hands; others throwing up their hands threw the questioner off. To restart her engine she merely needed a clear vision of 'why' and nothing more.

Our intuition was that a mobile, multi-tutor blitz would work here to reconnect the circuit. Confronted with the perpetual motion of the traveling tutor, conflicts cannot stagnate; they are instead carried by the inexorable flow. With Misja's and my arrival on the scene, Group 1 has to reshuffle the variables of their quarrel yet again, forcing either evolution or revolution; less than an hour later, they are able to resume the drive through dialogue to the finish line of their design process.

WEDNESDAY, 1 OCTOBER

At the lunchtime review, scale models of the sector-designs are laid down side by side on the hallway table to form the entire city. Yesterday evening I was facilitating good relations in the neighborhood of Sector One's design proposal. Today the lurking problem of interrelation among the sectors rears its head. One of the ten basic rules of C³ states that each team needs to couple and dock its sector with its neighbors. Here, the interlocking design junctions and the special coupling rings Kas has suggested are nowhere to be seen. Sectors meet more by chance than by plan as edges in sundry materials jostle with one another, bodies are lifted into place with foam feet, and even the racetrack's datum is contested. Maybe we should plan the city around the vertebrae-discs of its coupling rings, sharply defining the sector's shared edges, and then move to design the territories' interiors. Didn't Robert Frost say, "*Good fences make good neighbors*"?

THURSDAY, 2 OCTOBER

Group 1, to which I am officially assigned for the morning, is focused on the straightaway. The trajectory has become a little clearer, insurgent variables confronted or left behind, as in the last laps of a circuit race when half the drivers have crashed out and the track is wide open. Now the students must focus on what to make of the race, on how to communicate their urban vision. The students have generated so much output by now that the information, like crossed walkie-talkie messages, needs to be sorted into comprehensible bits.

Group 14 hardly turns from their screens or cutting mats in the afternoon when I join them, as if discarding the high-tech driving aids [a la Luke Skywalker] in order to focus on the work's culmination finally within sight. There is the double-edged feeling in the air of a mad dash to the finish line - everyone is present and many are planning to work all night - and a grinding to a halt, evident in the slow, methodical cutting and gluing of wood slats to generate the model's layered surfaces. One in the group has already bought his Friday overnight bus ticket home - it's out of his shirt pocket like a victory flag.

FRIDAY, 3 OCTOBER

At the final review, I am asked to lead a discussion in response to Group 12's presentation, a team whom I only saw once on the first day before they began to design. I think to myself that the design of a Formula One City might be better served as a semester-long project than as a ten-day workshop. We've only just completed the one-lap qualifier and it's already the last day.

Formula One is about finessing speed in order to showcase human virtue within a technological paradigm. In the *Indianapolis Grand Prix*, the drivers loop the 2.6-mile track seventy-three times - and that's only for

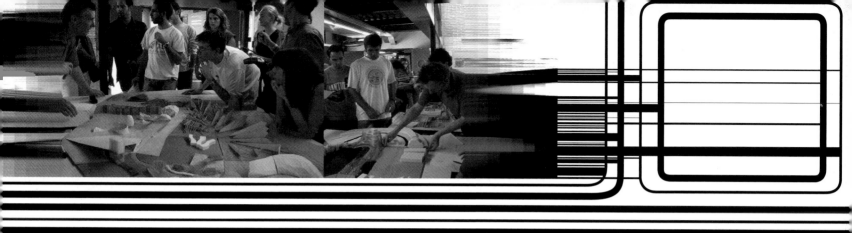

the final's nearly two hundred miles which don't count the two previous days of qualifying heats - refining their strategy to the high, polished shine of a cut diamond with each lap's passing hand. A racer's best loop is attained somewhere in the middle of the race, and is subject to the other cars on the racetrack, the weather, the pit crew, and the moment-to-moment decisions made by the driver. There is no Ideal Speed, only be an approximation, particularly with so many uncontrollable variables.

A driver could never perform one perfect run, let alone seventy. For my part, I certainly couldn't see and work with all the groups equally, my own ever-mutating circuit sometimes carrying me far beyond the confines of the school, sometimes driving me into the inner recesses of one team's subtle repairs. I muse that in a studio of fourteen weeks the students might come in for all sorts of strategic revamps in the pits and have the chance to truly fine-tune their performance, finessing the

DIARIO DE UN TUTOR ITINERANTE
AMANDA SCHACHTER

MIÉRCOLES, 25 DE SEPTIEMBRE

Con la lista de los equipos de los alumnos participantes en el Taller *Barcelona Speed and Friction* en una mano, y las 10 reglas básicas de Kas en la otra, hago un cálculo: catorce tutores guiarán a catorce equipos en

geometry of their circuit; but, then again, without the friction needed to grip the road and the accompanying adrenaline that flows freely in fourteen half-days on the move, would we ever pick up speed?

catorce sesiones sucesivas a través de catorce sectores a lo largo de siete días. Es una montaña de datos fluyendo en la escala de una inundación, un terremoto, o una erupción, suficiente para producir una ciudad, una vez que las placas tectónicas se han asentado.

Cada equipo va a modelar su correspondiente sector como una parte de la prevista "Ciudad del Circuito de Cataluña." Nosotros los tutores vamos a ir rotando a través de los equipos y de las zonas emergentes a lo largo de la duración del evento, animando los diseños con la respuesta y puesta a punto de un coche de Fórmula 1.

Estamos concentrados, los motores están revolucionados, en la salida de un gran premio de diseño de una semana, esperando la bandera. Y como en cualquier deporte, la estrategia es esencial para ambos, conductores y coordinadores. Como tutores visitantes, las herramientas que utilizamos deben estar listas para tentar a los alumnos con un cierto aspecto de velocidad, para ser aplicado a una ciudad aún por ser, inscrita en un circuito de F1. Como el arquetipo de un viajante que vende el sueño del consumo y estatus, como el 'estado sólido' de llegar súbitamente a la puerta de alguien con nueva mercancía, el tutor itinerante se debe mover de una manera efectiva – quizás incluso desligado – mientras mueve a los ᵉᵒˢ en una progresiva expresión del impactante y efímero e inexorable volá de la velocidad.

Las gráficas de los alumnos se han impreso y repartido para guiarnos mientras pasamos de equipo a equipo en orden descendente según su número, de sector a sectores materializados. Los nombres de los tutores forman columnas correspondientes a un calendario según la mitad del día, mientras que los miembros del equipo se ordenan; cada uno grafía una fórmula, en esencia, del trabajo que cada equipo cumplimenta a lo largo del día. Sólo falta ver las formulas de rendimiento a razón de cada vuelta a lo largo del circuito.

Cada mañana y tarde hay una variación en las gráficas de los equipos cuando cada tutor coge la siguiente hoja en orden descendente y visita su equipo de-la-hora. Encuentro la gráficas del grupo 12; está limpia, vacía. Después de catorce mediodías volveré a sujetar está hoja de nuevo con mis manos, después de haber

ESTAMOS CONCENTRADOS, LOS MOTORES ESTÁN REVOLUCIONADOS, EN LA SALIDA DE UN GRAN PREMIO DE DISEÑO DE UNA SEMANA, ESPERANDO LA BANDERA. Y COMO EN CUALQUIER DEPORTE, LA ESTRATEGIA ES ESENCIAL PARA AMBOS, CONDUCTORES Y COORDINADORES.

recorrido completamente en orden inverso el circuito, las hojas rebosarán de anotaciones y más anotaciones de los tutores. Como los tutores nos movemos en orden inverso, los alumnos sentirán aún más la sensación de velocidad. Todavía existe otra variable: vamos a absorber un grupo de estudiantes canadienses, dispersándolos de dos en dos en cada equipo. Revisar golpes, cambiar neumáticos, apretar ruedas, arriba piruletas.

Los alumnos se juntan en grupos cada vez más grandes en el vestíbulo y en el césped que hay fuera del auditorio, fumando y charlando, sujetando y echando un vistazo

como mueve su cuerpo entero, como si estuviera resistiendo la tensión de conducir a velocidades de vértigo a lo largo de acantilados, con las ruedas embarradas girando en el aire. Babler gira un volante imaginario a lo largo de una carretera imaginaria siguiendo su trayectoria oculta, y yo pongo todo de mi parte para no perderle, mientras estoy haciendo una traducción simultánea de español al inglés a un tutor holandés que tengo a mi izquierda.

Babler está negociando ahora una curva, cuidadosamente bordando la trayectoria a toda velocidad. Él explica que para aguantar la trazada a lo largo de una curva en S, el conductor debe mirar al final de la curva, tomando un amplio y lento arco al principio de la curva para preparar

a las reglas que les hemos dado acerca de la carrera. Aún me encuentro sentada en mi silla; la conferencia de apertura es retrasada debido a problemas técnicos.

VIERNES, 26 DE SEPTIEMBRE

Christian Babler habla en su conferencia acerca de la geometría y ergonomía en la conducción de un coche de competición, ante una pizarra blanca donde está dibujando unos volantes con las posiciones estratégicas de los ángulos de agarre y las líneas serpenteantes de vectores de conducción que recorren los caminos. Su especialidad es el Rally, lo que es evidente ya que no habla tanto

ME DOY CUENTA DE LO QUE ES REALMENTE IMPRESIONANTE ACERCA DE LA FÓRMULA 1 NO ES LA PERFECCIÓN TÉCNICA DEL CIRCUITO Y DEL MONOPLAZA EN UN VACÍO PLATÓNICO [...] SINO LAS CONDICIONES MÁS ESENCIALES EN LAS QUE LAS MÁS VIRTUOSAS DECISIONES HUMANAS SON PUESTAS A PRUEBA

el ataque de la segunda curva. Me doy cuenta de que lo realmente impresionante acerca de la Fórmula 1 no es la perfección técnica del circuito y del monoplaza en un vacío platónico – como el hecho de llevar el monoplaza vencedor al pódium te puede hacer pensar – sino las condiciones más esenciales en las que las más virtuosas decisiones humanas son puestas a prueba. La F1 ha reducido las variables del mundo a un abstracto, y casi metafísico mínimo, desde lo que fue en los comienzos del siglo veinte una carrera de ciudad a ciudad con peligros inimaginables a carretera abierta, hasta un circuito cerrado y controlado que sirve de escenario para poner al límite el funcionamiento del ser humano. Me pregunto cómo esta reducción de la vida real a un marco altamente tecnológico impuesto en las variables de su rendimiento se reflejará en los catorce barrios de la Ciudad del Circuito de Cataluña.

Fuera de las curvas del primer día, me junto con el Grupo 12 cerca de las 4 pm. La promesa de la velocidad como una herramienta de diseño resulta atractiva a los estudiantes, pero están emocionalmente impactados por la magia totémica del coche de competición, demasiado asustados en coger el asiento del conductor y mucho menos el volante. Les hemos pedido a cada uno que tomen una fotografía de un objeto y que grafíen las fuerzas que actúan y fluyen a través de él. Hay una fotografía de un casco de motocicleta – el mismo que veo que uno de ellos esta sujetando ahora; hay una radio, captando ondas invisibles;

hay incluso agua corriendo de un grifo de cocina – pero ninguna gráfica. Juntos dibujamos diagramas que revelan el flujo interactivo más allá y dentro de los límites de los objetos fotografiados. Se muestran un poco lentos entrando en la curva; esperemos que el Equipo 12 acelere en la salida, como Babler recomienda.

El equipo está eligiendo un capitán, cuando me giro y veo que una cámara nos está apuntando, nos juntamos todos, equipo y tutor, en un encuadre compacto. *"Say cheese,"* sonríe Kas mientras aprieta el botón.

La carrera ha comenzado.

Fernando Alonso debutó en el circuito con Minardi a la edad de 20, hace dos años, ahora corre para Renault. Imagina que Alonso podría ser un alumno de cuarto curso en uno de mis grupos, conduciendo al ritmo del taller a toda velocidad.

Pronto tenemos a un montón de personas rodeándonos sin perder ni una vuelta de los coches, mientras pican aceitunas en el bar convirtiéndose en un foco de atracción. Una señora entra en el bar corriendo para ver como lo está haciendo Kimi Raikkonen, preguntando si alguien podía estar al tanto, así podría tener un resumen cuando volviera de la cena. Ella dice con un acento británico, que es una de los directores de Kimi,

PERO CON EL TELEOBJETIVO DE LA CÁMARA Y LA MANERA EN LA QUE ESTÁ FILMANDO EL CÁMARA NO SIENTO PROFUNDIDAD ALGUNA NI VEO LA EXPRESIÓN DE LOS PILOTOS NI DE LOS ESPECTADORES, LO CUAL ME AYUDARÍA A PENSAR EN EL ABARROTADO PAISAJE DEL CIRCUITO. LA PROMESA DE VOLUMEN QUE IMPLICA LA CIUDAD DEL CIRCUITO DE CATALUÑA ´C³´ SE MUESTRA PLANA EN LOS MECÁNICOS DE DESPUÉS DE LA CARRERA.

DOMINGO, 28 DE SEPTIEMBRE

A las 8 pm ya me he escapado de Bonanova, a pie hasta un bar en el centro de El Raval con Alex, otro tutor visitante en el taller, que anima al camarero de la promesa del gran evento de este fin de semana de F1 para que no haga zaping en los canales de música.

El Gran Premio de Indianápolis es esta semana en EEUU, y la final se televisa en directo al medio día CST [Hora Central de Estados Unidos] que coincide oportunamente con la hora de las tapas en Barcelona. Sin duda, la televisión pública española está encantada de televisar el evento como resultado de la "Alonsomanía" que cautiva a cada uno desde que el ahora afamado piloto de F1

y que había estado con él la semana pasada en los entrenamientos en el Circuito de Cataluña.

Mi mirada se mueve entre los pilotos que están congelados en el centro de la imagen, mientras el fondo de gradas borroso se mueve detrás de los monoplazas. De vez en cuando hay un movimiento brusco y un coche desaparece del encuadre de la cámara – otro piloto fuera de pista. Pero con el teleobjetivo de la cámara y la manera en la que está filmando el cámara no siento profundidad alguna ni veo la expresión de los pilotos ni de los espectadores, lo cual me ayudaría a pensar en el abarrotado paisaje del circuito. La promesa de volumen que implica la Ciudad del Circuito de Cataluña "C³" se muestra plana en los mecánicos de después de la carrera. Sobre todo anticipo la excitación de las entradas cronometradas a boxes donde personas reales se convierten en una perfecta máquina, y la cámara permanece en la misma posición. En menos de siete segundos, veintidós mecánicos hacen que el monoplaza se sitúe en las marcas de boxes, cambian las cuatro ruedas, repostan combustible, modifican el ángulo del alerón delantero y trasero, e indican al piloto para que vuelva a salir a pista para continuar la carrera. Cada mecánico realiza una tarea minuciosa, habiendo practicado los movimientos necesarios una infinidad de veces hasta conseguir una rutina mecánica perfecta, se mueve como un autómata de precisión. Comienzo a imaginar que mi papel como un tutor itinerante es algo parecido a un mecánico de boxes, [y por extensión los catorce tutores hacemos un equipo móvil y unitario que espera a la siguiente parada en boxes]. Sólo me muevo del garaje de un equipo al garaje de otro dos veces al día, perfeccionando una serie de implementaciones estratégicas para mantener al equipo de estudiantes en el circuito.

LUNES, 29 DE SEPTIEMBRE
El lunes por la mañana, estoy con el Grupo 7. Algo acerca de la metáfora de la parada en boxes me ayuda a avanzar su trabajo. Dos subgrupos se han formado espontáneamente debido a una molesta barrera de lenguaje, con dos proyectos desarrollándose en lineas

Circuito de Cataluña unos cuarenta kilómetros al noroeste en Montmelo. Hay demasiados alumnos como para organizar una única y efectiva visita, pero ya que los tutores itinerantes están mentalmente móviles, y son relativamente pocos, se mueven.

A mediodía estoy en un coche alquilado con otros cuatro tutores conduciendo hacia el norte en una autopista saliendo de Barcelona. Cuando salimos del coche en la barrera que controla el acceso al circuito, inmediatamente siento la enormidad del lugar. Sí, esto podría ser una ciudad. Se escucha un ruido ensordecedor de vez en cuando desde el paisaje del circuito, como una resonancia con mis propios pensamientos. Vemos dos alumnos del taller saliendo de un coche cercano – alumnos que se han tomado a pecho el mensaje de "flujo" de Kas. En Catalán convencen al guarda

CUANDO SALIMOS DEL COCHE EN LA BARRERA QUE CONTROLA EL ACCESO AL CIRCUITO, INMEDIATAMENTE SIENTO LA ENORMIDAD DEL LUGAR. SÍ, ESTO PODRÍA SER UNA CIUDAD. SE ESCUCHA UN RUIDO ENSORDECEDOR DE VEZ EN CUANDO DESDE EL PAISAJE DEL CIRCUITO, COMO UNA RESONANCIA CON MIS PROPIOS PENSAMIENTOS.

paralelas. Sueño que soy el mecánico de Ferrari o MacClaren dando soporte a este eminente equipo de dos coches. El primero en llegar está formado por los conductores hispano parlantes que recorren el circuito de la mano de dos blobs en foam, revelando la pista como un túnel que se bifurca en el otro sector más elevado. Pensamos en una estrategia para generar una forma que anticipara las fuerzas de los coches en la curva, desde fórmula, diagrama, y material. Una media hora después, el segundo coche llega con dos pilotos canadienses hablando en inglés. Están realizando una maqueta que interpreta el mismo blob como una serie de finos planos en plástico naranja translúcido. No hay mucha comunicación entre los dos coches por el momento excepto un conocimiento tácito de que ambos están compitiendo para ganar el mismo solar.
En la planta de arriba, otros tutores están organizando un viaje al

para que nos deje entrar, al menos a las 3 pm cuando el director, Carles Fradera, puede autorizarnos para tal efecto. El Circuito de Cataluña no es un territorio abierto; "C³" igual podría significar "Carretera Cerrada Controlada".
Mientras que esperamos, cogemos algo para comer en la cafetería de una gasolinera en la autopista.
Cuando finalmente entramos en el recinto, estoy electrificada con la carga y energía que tiene el circuito. Ahora entiendo por que no se permite la entrada. Incluso cuando no hay carrera, el circuito envuelve a los espectadores en una espiral de fantasía. La anticipación de un vehículo quemando neumáticos en el circuito cuando por mucho excede una velocidad que mi cuerpo nunca ha sentido, incluso en un coche, me invita tanto a saltar a la pista como a mantenerme a una gran distancia de ella – algo no muy distinto de lo que los alumnos deben

sentir acerca de sus diseños animados y de los tutores móviles. Me imagino experimentando la euforia de los primeros modernistas en la metrópolis cuando el primer carruaje sin tracción animal apareció en la calle. Nos sentamos desventuradamente en las gradas y recorremos el circuito vacío con expectación, como si la calzada de asfalto fuera a salir volando.

MARTES 30 DE SEPTIEMBRE

Comienza la improvisación en la carrera, los tutores se mezclan libremente y se intercambian entre los equipos a velocidades de vértigo, mucho mayores que el ritmo de medio día en las gráficas. Completa paridad en la mecánica se muestra imposible ya que los tutores sienten el impulso de volver a grupos que ya han entrenado para remarcar y animar su progreso. Comienzo la tarde con un Grupo 4 muy bien ajustado, dos alumnos generan el programa arquitectónico mientras que hacen volteretas laterales en el suelo de hormigón que queda libre entre las filas de mesas; otros, apretados alrededor de un ordenador, editan las secuencias de la presentación mientras ponen y reponen los créditos de apertura de *Leaving Las Vegas* con el coche y los carriles en llamas en un segundo monitor; otra mujer, que lleva una máscara, lija pacientemente una pieza de foam hacia una misteriosa forma de duna. Me doy cuenta de que la metáfora de la parada en boxes se ha invertido. Con gran facilidad, el Grupo 4 funciona como un equipo de mantenimiento y yo soy el conductor, gritando por encima del ruido del motor, «¡la secuencia funciona pero necesitáis una fórmula!». Incluso la autoría de los trabajos fluye dinámicamente dentro del taller, los tutores viajantes moderando el flujo y reflujo de la energía creativa en la red. Conceptos nacen por el camino, pasando de grupo a grupo tan rápido que es difícil saber cuando y quién es el piloto. Con este nuevo punto de vista vuelvo inoficialmente al Grupo 7, ahora agrupada con Misja [y su insistente pelo] , cruzándonos en el camino con diferentes tutores.

Nada mas llegar Gijs nos avisa: "abajo hay disputa en el Grupo 1, el equipo no sabe qué hacer". Comienzo a pensar si el estilo de tutores móviles está confundiendo a los alumnos, intentando ir en todas direcciones, si los distintos discursos de los tutores lían a los grupos.

Corremos al piso de abajo. No hay por que preocuparse, me digo a mí misma, la corrección final es dentro de 72 horas, pero este tipo de excitación es necesaria para poner a prueba nuestros límites. Fórmula 1, al fin y al cabo es eso. ¿No estaba Alberto explicando al detalle la fascinación de los futuristas con la velocidad y la pérdida del control en su discurso inaugural el viernes pasado? Recuerdo haber leído que Marinetti y sus amigos provocaban peleas en los bares simplemente para agitar un poco el ambiente. No les importaba la efectiva confusión siempre que ciertamente la excitación les llevase a una buena argumentación. Extrañamente, luego se disculparían al verse alarmados por su mal comportamiento. Para ellos la agitación era una manera de expresar el dinamismo de la vida moderna, invocando su poder a través de la violencia, en la manera de representar su ideal abstracto, de un juego simple e inmediato.

Después de escuchar un desorden de voces heridas a ambos lados de una mesa rectangular, establezco que el Grupo 1 estaba inconscientemente involucrado en una de las peleas de bar que tanto le gustaban a Marinetti. Siguiendo las correcciones de ayer y las subsecuentes críticas de los diferentes tutores, el equipo ha decidido sustituir una serie de tubos continuos, por el espacio que resulta del vacío

EXTRAÑAMENTE, LUEGO SE DISCULPARÍAN AL VERSE ALARMADOS POR SU MAL COMPORTAMIENTO. PARA ELLOS LA AGITACIÓN ERA UNA MANERA DE EXPRESAR EL DINAMISMO DE LA VIDA MODERNA, INVOCANDO SU PODER A TRAVÉS DE LA VIOLENCIA, EN LA MANERA DE REPRESENTAR SU IDEAL ABSTRACTO, DE UN JUEGO SIMPLE E INMEDIATO.

de dichos tubos, un vacío que atraviesa un bloque atenuado que han comenzado a construir con costillas de un material aislante cortadas en la máquina con la ayuda de otros tres tutores. Este cambio de un día para otro de entender un flujo como objeto a implicar su paso por una ausencia ha abierto una grieta cada vez más grande. Una potente mejora por error explota en una batalla cultural, lingüística, y creativa divide a los miembros del equipo. Para que el interruptor vuelva a la correcta posición, será necesario que el equipo sepa el por qué y el cómo han llegado a una nueva forma; necesitan discutir los cambios de una manera abierta para devolver a todos la confianza perdida y

sectores aparece al final. Una de las reglas básicas de la C³ deja claro que cada equipo tiene que emparejarse y acoplar el límite de su sector con los adyacentes. Aquí las uniones entre los diferentes diseños y los emparejamientos que Kas había sugerido no se ven por ninguna parte. Los sectores se unen entre sí mas bien al azar, que de una forma controlada, y los bordes de los distintos materiales entran en contacto de una manera brusca. Los cuerpos se acoplan entre sí con calces de foam, e incluso el nivel de suelo de la carretera está contestado entre los distintos equipos. Tal vez deberíamos pensar la ciudad en torno a los discos vertebrales que forman parejas, definiendo de una manera

poder así volver a una producción unificada.

El circuito de este equipo se acortó cuando la impaciencia de uno de sus miembros fue tomada por otros como descontento y duda. Tomados por la sorpresa de la pregunta, unos perdieron confianza en el proyecto. Al verles perder la confianza, quien estaba preguntando se sintió desorientada. Para volver a poner en marcha su motor, lo único que necesitaba era una visión clara de "por qué" y nada más.

Nuestra intuición era la de que un bombardeo móvil y multitutor podría funcionar para volver a conectar el circuito. Confrontados por el constante movimiento del tutor itinerante, los conflictos no pueden convertirse en algo inactivo; tienen que llevar a una conclusión inexorable. Con la llegada de Misja y yo, el Grupo 1 tenía que organizar de nuevo las variables de su disputa de nuevo, forzando la evolución o revolución; en menos de una hora, eran capaces de continuar con su diálogo en su diseño para llegar a la línea de meta.

MIÉRCOLES, 1 DE OCTUBRE

En la revisión a la hora de comer, las maquetas a escala de las propuestas para cada sector cubren de lado a lado la mesa del hall para formar la ciudad completa. Ayer por la tarde estuve ayudando a que las relaciones entre las personas del Equipo 1 mejorasen. Hoy el insospechado problema de la interrelación entre los diferentes

AHORA LOS ALUMNOS DEBEN DE CONCENTRARSE EN LO QUE VAN A HACER EN LA CARRERA, EN CÓMO COMUNICAR SU VISIÓN DE LO URBANO. LOS ALUMNOS HAN PRODUCIDO TAL CANTIDAD, QUE AHORA, LA INFORMACIÓN [...] DEBE SER ORDENADA EN UNIDADES COMPRENSIBLES.

lúcida los bordes compartidos por los sectores, y entonces diseñar los territorios interiores. ¿No fue Robert Frost quien dijo, "buenas vallas hacen buenos vecinos"?

JUEVES, 2 DE OCTUBRE

El Grupo 1, al cual estoy oficialmente asignada para la mañana, está centrado en dar el apretón final. Su trayectoria es un poco más clara, las rebeliones son confrontadas o dejadas atrás, como en las últimas vueltas en un circuito de carreras cuando la mitad de los corredores, debido a los respectivos accidentes han dejado el circuito libre. Ahora los alumnos deben de concentrarse en lo que van a hacer en la carrera, en cómo comunicar su visión de lo urbano. Los alumnos han producido tal cantidad, que ahora, la información como en los mensajes de walkie-talkie, debe ser ordenada en unidades comprensibles.

Cuando visito al Grupo 14 por la tarde, casi no pueden separarse de sus pantallas o tableros de corte, descartando las ayudas tecnológicas [a lo Luke Skywalker] para concentrarse en acabar su trabajo, sin la capacidad de ver más allá. Se palpa en el aire un doble sentimiento, por una parte de una aceleración frenética hasta el final – todo el mundo está presente, y es consciente de la larga noche que les espera – y por otra parte de una desaceleración total, evidentemente en la lenta y meticulosa tarea de cortar y encolar las costillas de madera para generar las superficies del modelo propuesto. Uno en el grupo ya ha comprado su billete de vuelta a casa para el viernes – le sobresale del bolsillo de su camisa, como una bandera de victoria.

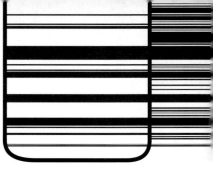

NO EXISTE UNA **VELOCIDAD IDEAL**, SÓLO UNA **APROXIMACIÓN**, SUJETA A **VARIAS VARIABLES** QUE NO SE PUEDEN **CONTROLAR**. UN PILOTO **NUNCA** PUEDE HACER UNA **VUELTA PERFECTA**, MUCHO **MENOS** SETENTA. POR MI PARTE, NO PUDE VER Y TRABAJAR **CON TODOS** LOS GRUPOS **DE LA MISMA MANERA**,

VIERNES, 3 DE OCTUBRE

En la revisión final, soy la encargada de comenzar con la crítica de la presentación del Grupo 12, un equipo con el que sólo he estado una vez el primer día antes de que empezasen a diseñar. Pienso para mí misma que el diseño de la Ciudad de Fórmula 1 hubiera funcionado mejor como tema para el trabajo de un semestre que para un taller de diez días. Sólo hemos completado la primera vuelta de entrenos y ya es el último día.

Fórmula 1 es un método para vencer a la velocidad y entender la virtud humana dentro de un paradigma tecnológico. En el Gran Premio de Indianápolis, los pilotos giran el circuito de 4 kilómetros setenta y tres veces – y eso sólo en la final; otros 300 kilómetros cuentan en los dos días previos de entrenos y clasificatorias – puliendo su estrategia al máximo y brillante filo de un diamante cada una de las vueltas. La vuelta más rápida de un piloto se consigue a mitad de carrera, y está sujeta a los otros monoplazas en pista, el tiempo, el equipo de boxes, y las constantes decisiones que tiene tomar el piloto. No existe una velocidad ideal, sólo una aproximación, sujeta a varias variables que no se pueden controlar. Un piloto nunca puede hacer una vuelta perfecta, mucho menos setenta. Por mi parte, no pude ver ni trabajar con todos los grupos de la misma manera, mi propio circuito en constante cambio, a veces llevándome fuera de los confines de la escuela, a veces conduciéndome al parón interior de un equipo que inexplicablemente se recuperó. Seguro que en un estudio de catorce semanas los alumnos llegarían a todo tipo de paradas estratégicas en los boxes y tendrían la oportunidad de realmente sacar el máximo partido a su rendimiento, ajustando la geometría del circuito; pero por otra parte, sin la fricción necesaria para agarrarse a la carretera y sin la adrenalina que fluye por doquier en catorce medios días en continuo movimiento, ¿alcanzaremos a la velocidad?

ALBERTO T. ESTÉVEZ

Architect, Designer and Art Historian
Director of the ESARQ [UIC]

THE FASCINATION OF SPEED
IN ARCHITECTURE AND DESIGN

Who has never felt fascinated by the high-pitched screech of the tires underneath when driving at a very high speed on a windy road?
Who has never felt fascinated by the fast skiing sensation of swallowing up the mountain when running down the slope, without any bend to brake and jumping higher at every bump?
Who has never felt fascinated by jumping off thousands of meters of free falling, while searching for the impossible, 200 km/hour, without

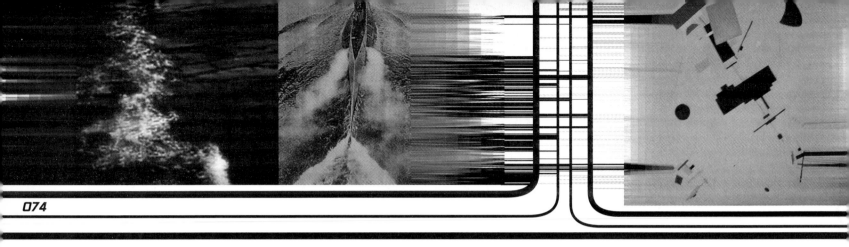

any interference but just the density of the atmosphere? When the same atmosphere stops you from going any faster turning into a perfect wall, when you feel you are smashed against the air...

Maybe, this fascination for such a desperate tire screech comes from the accuracy with which one may and should control oneself in order not to pull out of the road. The Blade-Running, perception: running along the sharp edge between the everyday passing of time and total chaos, between life and death. Knowing that just turning the steering wheel one more millimeter or pushing the gas pedal a little further will put an end to everything... Dashing away leaving behind that limit with the infinite... ¿And what happens when all of this becomes architecture?

Fascination of speed in architecture and design...

Art, architecture and design history is also the history of fascination for the artists, architects and designers who are the main actors of that history.

The beginning of the new century, the 20th C, was the arising of a new human conqueror: speed... Locomotors, automobiles, motorcycles... Above and bellow the sea, ship pushed by machines were being perfected more and more. Meanwhile, Sergei Eisenstein, out of fascination, was filming the frenetic speed of the pistons and the slash his battleship Potemkin was making on the sea. Le Corbusier published this in his books "*the city of speed is a city of success*" [1] and Kasimir Malevich sang to the planes that cut through the sky soaring over his head, following the "*irresistible push of the perception of speed.*" [2] It was certainly the new sensation of modernity.

However, Filippo Tommaso Marinetti from his Manifiesto del Futurismo was the first individual to make it a conscious fact and to pass onto the avant-gardes that fascination for speed. That early text, published in 1909, already contains all the energy and astonishment of its singular author, who was even called "Europe's caffeine"...

"*...all of a sudden hungry automobiles roared bellow our windows. - ¡Let's go, my friends! - said I -. [...] We approach the three grumbling machines to stroke their girths. I laid on mine like a corpse on his casket, but I suddenly rose from the dead under its steering wheel [...]. And we used to hunt –like young lions- the Death that was running in front of us [...]. We were smashing the guard dogs against the house doors. They were left splashed under our burning tires like fire lanes. The caressed Death would come out in every bend to offer me her gentle hand [...]. Then [...], we launch our first manifesto to all the strong men on the earth: [...] We have no reluctance in declaring that the world's splendor has been enriched by a new type of beauty: the beauty of speed. A racing car, with its ornate box with thick tubes that could be named explosive breath snakes... A racing car, which seems to run on*

shrapnel, it is more beautiful than the Victoria de Samotracia..*" [3]

Certainly, it was the new paradigm of modernity.
Thus, since then, Giacomo Balla has been inventing the painting of the never-painted stuff, such is the Abstract Speed. At the same time, Umberto Boccioni starts to invent the sculpture of the never-sculpted, and so he does on the same year Unique Forms of Continuity in the Space. On his part Antonio Sant'Elia invents the architecture of the never-built, which will be presented as the New City and he will explain later in a text published the following year: Manifesto of Futuristic Architecture...

"We have lost the taste for the monumental, the heavy, the static, and we have enriched our sensibility with the taste for the light, the practical, the ephemeral and the fast. [...] The futuristic city similar to an immense building in construction, tumultuous, nimble, mobile, dynamic, in each of its parts, and the futuristic house similar to a huge machine [...] on the shores of a tumultuous abyss: the street, which will no longer be extended as a mat long the doorways, but will sink in the earth at various levels that will embrace the metropolitan traffic and will be linked by metal gangways and very fast tapis roulants. [...] And I PROCLAIM [...] that the oblique and elliptic lines are dynamic, by their same nature they have an emotional power a thousand times

stronger than the perpendicular and horizontal lines, and a dynamically integrating architecture cannot exist without it." [4]

With these words, the fascination for speed comes finally to architecture, which after the war will be retaken in the most clear and direct way mainly by Erich Mendelsohn and his fight for reconciling the function and the expression of the dynamics. Preceded by his fast drawings, his contribution to the Einsteinturm in Potsdam, between 1920 and 1924, is not only a first built example of all that, by one of the works that achieves the most perfect expression of speed in architecture. And in the buildings that will continue, with the obsessive insistence in the bright horizontal lazes of the windows – especially when they are shot at night -, it will ensure his intention of creating a more dynamic urban image... *"Stairs, entrances, rows of windows inside the rhythm on the cars passing by dizzily, of the fast traffic."* [5] *"The human being of our time, in the hassle and bustle of their stressful life, [...] only by means of its fast speed may one overcome hurry."* [6]
So there lies the difference: from Antoni Gaudí to August Endell, many others during previous decades have constructed buildings put across by dynamism, fantastic expressions of movement made architecture, but they would make it out of fascination by nature, in a more abstract or in a more naturalistic way. However, the ones presented here, their fascination is for the machine and its incredible deeds, by its technique

and its admirable accuracy, by the industry and its new possibilities, in other words, the artificial. And as we have seen, just in the origin of this fascination is the emotion perceived in front of speed.

Entire legions of architects and designers would follow then those first steps until they are turned into fashion. And beyond architecture, a complete society started to equip with all sorts of objects that were presented wrapped by attractive aerodynamic lines: from boasting American automobiles to simple office staplers. And up until today. Of course, rewritten on that same path as futurists opened for modernity, along the 20th century we can find moments of intensification, matching the appearance of the works of certain "strong" characters, from Carlo Mollino to Eero Saarinen. The examples have multiplied in great numbers in front of our eyes. And it is that, certainly, speed has come to stay...

Up to this point, we now launch to the four winds the restless color serpentines of Loïe Fuller, whose provoked fascination helped changing an era. Let's change ours and sing with Bruno Taut the challenge that speed and its friction represent for architecture... "*Away with the grouch, the spoilsports, the eternally worried, the always skeptic, the bitter, the always important! Let's not leave room for them among us...*"[7]. "*And up always, and for ever more, with the dynamic, the graceful, the fluent, the sparkly, the bright, the light: up with eternal architecture!*" [8]

[1] LE CORBUSIER, "Town Planning Principles", 1925 text, in CONRADS, U., ed., *Programs and manifestos of the 20th century architecture*, Lumen Ed., Barcelona, 1973, p. 142

[2] MALEVICH, K. S., "Suprematist Manifesto" [1920 text broadening the 1915 text], en CIRLOT, L., ed., *First artistic avantgardes, texts and documents*, Labor Ed., Barcelona, 1993, p.205

[3] MARINETTI, F. T., *Manifestos and futuristic texts*, del Cotal Ed., Barcelona, 1978, pp. 126-130

[4] *Ibid.*, pp. 221-224: excerpt from "The Futuristic Architecture", by Antonio Sant'Elia with Filippo Tommaso Marinetti, as a text turned into Manifesto of the Futuristic Architecture, which was originally the text by Antonio Sant'Elia for his own exhibition "The new city".

[5] Words said in 1926 and compiled in MENDELSOHN, E., *Gedankenwelt*, Hatje Cantz Verlag, Ostfildern-Ruit, 2000, p.108

[6] *Ibid.*, p. 48-49: taken from the conference entitled among other things "...dynamics and function", 1923

[7] TAUT, B., "Down with seriousness!", 1920 text, in CONRADS, U., ed., *op. cit.*, p. 88

[8] *Ibid.*, p. 89

ALBERTO T. ESTÉVEZ
Arquitecto, diseñador e historiador del arte
Director de la ESARQ [UIC]

LA FASCINACIÓN DE LA VELOCIDAD EN LA ARQUITECTURA Y EL DISEÑO

¿Quién no se ha sentido fascinado por el agudo rechinar de los neumáticos bajo uno mismo, lanzado a toda velocidad por las curvas?

¿Quién no se ha sentido fascinado por tragarse montaña abajo una pista de esquí, sin giro alguno que

le frene, a medida que con los baches se va despegando cada vez más del suelo?

¿Quién no se ha sentido fascinado por tirarse miles de metros en caída libre, mientras busca lo imposible, los 200 km/h, sin nada que se interponga más que la propia densidad de la atmósfera?, cuando ya sólo esta impide mayor velocidad, cuando se convierte en un auténtico muro, cuando sientes que te aplastas contra el aire...

Quizá, la fascinación por tal desesperado chillido de las ruedas procede de la precisión con que puede, con que debe controlarse, para no salirse de la carretera. El *blade-running*, el percibir y el correr por el fino filo que hay entre el cotidiano devenir del tiempo y el desastre total, entre la vida y la muerte. Saber que un solo milímetro más de giro

del volante o de presión sobre el pedal del gas y todo acabaría... Pasar como una exalación dejando atrás ese límite con lo infinito... ¿Y qué pasa cuando todo esto se hace arquitectura?

Fascination of speed in architecture and design...

La historia del arte, de la arquitectura y del diseño es también la historia de las fascinaciones de los artistas, arquitectos y diseñadores que la han hecho.

El nacimiento de un nuevo siglo, el XX, fue el amanecer de una nueva conquista humana, la de la velocidad... Locomotoras, automóviles, motocicletas... Por encima y por debajo del mar, barcos propulsados

por máquinas se perfeccionaban cada vez más. Mientras, Sergei Eisenstein, fascinado, filmaba la frenética rapidez de los émbolos y el tajo que su acorazado Potemkin rasgaba en el mar, Le Corbusier lo publicaba en sus libros ["*la ciudad de la velocidad es la ciudad del éxito*"] [1] y Kasimir Malevich cantaba a los aviones que surcaban el cielo sobrevolando su cabeza, siguiendo el "*impulso irresistible de la percepción de la velocidad.*" [2] Ciertamente, era la nueva sensación de la modernidad.

Pero fue Filippo Tommaso Marinetti el primero en hacer realmente consciente y contagiar a las vanguardias esa fascinación por la velocidad desde su Manifiesto del futurismo. En aquel temprano texto, publicado el año 1909, ya vibra toda la energía y deslumbramiento de su singular autor, al cual hasta se le llegó a llamar "la cafeína de Europa"...

"*...de repente rugieron bajo nuestras ventanas los automóviles hambrientos. - ¡Partamos, amigos! - dije yo -. [...] Nos aproximamos a las tres máquinas refunfuñantes para acariciar sus petrales. Yo me tendí sobre la mía como un cadáver sobre su ataúd, pero resucité súbito bajo su volante [...]. Y cazábamos - como leones jóvenes - la Muerte que corría ante nosotros [...]. Íbamos aplastando contra el* umbral de las casas a los perros guardianes, que quedaban estrujados bajo nuestros neumáticos quemantes como un cortafuegos. La Muerte acariciada me salía a cada viraje para ofrecerme gentilmente la mano [...]. Entonces [...], lanzamos nuestro primer manifiesto a todos los hombres fuertes de la tierra: [...] No tenemos inconveniente en declarar que el esplendor del mundo se ha enriquecido con una nueva belleza: la belleza de la velocidad. Un coche de carreras, con su caja adornada de gruesos tubos que se dirían serpientes de aliento explosivo... Un coche de carreras, que parece correr sobre metralla, es más hermoso que la Victoria de Samotracia.." [3]

Ciertamente, era el nuevo paradigma de la modernidad.

que se hundirá en la tierra en varios niveles que acogerán el tráfico metropolitano y estarán unidos por pasarelas metálicas y rapidísimos tapis roulants. [...] Y PROCLAMO [...] que las líneas oblicuas y elípticas son dinámicas, por su misma naturaleza tienen una potencia emotiva mil veces superior a la de las líneas perpendiculares y horizontales, y que no puede existir una arquitectura dinámicamente integradora a excepción de ella." [4]

Con esas palabras llega así por fin también hasta la arquitectura la fascinación por la velocidad, que tras la guerra será retomada de la manera más directa y clara sobre todo por Erich Mendelsohn y su lucha por compatibilizar la función y la expresión de lo dinámico. Precedida por sus rápidos dibujos, su aportación del Einsteinturm en Potsdam, entre 1920 y 1924, no sólo es un primer ejemplo construido de todo ello, sino una de las obras que logra la expresión más perfecta de velocidad en arquitectura. Y en los edificios que le seguirán, con la insistencia obsesiva en las luminosas cintas horizontales de ventanas -especialmente cuando las fotografía de noche-, corroborará su intención

Así, desde entonces, Giacomo Balla se pone a inventar la pintura de lo nunca pintado, como en 1913 lo hace en Velocidad abstracta. A la vez que Umberto Boccioni se pone a inventar la escultura de lo nunca esculpido, como en el mismo año lo hace en Formas únicas de la continuidad en el espacio. Y es a Antonio Sant'Elia al que le toca inventar la arquitectura de lo nunca construido, que presentará como La ciudad nueva y lo explicará en un texto publicado al año siguiente como Manifiesto de la arquitectura futurista...

"Hemos perdido el gusto por lo monumental, lo pesado, lo estático, y hemos enriquecido nuestra sensibilidad con el gusto hacia lo ligero, lo práctico, lo efímero y lo veloz. [...] la ciudad futurista parecida a un inmenso edificio en construcción, tumultuoso, ágil, móvil, dinámico, en cada una de sus partes, y la casa futurista parecida a una gigantesca máquina [...] a orillas de un abismo tumultuoso: la calle, que ya no se extenderá como una alfombrilla a lo largo de las porterías, sino

de dinamizar la imagen urbana... "Escaleras, entrada, bandas de ventanas dentro del ritmo de los coches que pasan vertiginosamente, del tráfico rápido." [5] "El ser humano de nuestro tiempo, en la agitación de su vida apresurada, [...] sólo a través de la máxima velocidad puede superar su prisa." [6]

Pues ahí radica la diferencia: desde Antoni Gaudí a August Endell, muchos otros durante las décadas anteriores han construido edificios atravesados de dinamismo, fantásticas expresiones de movimiento hechas arquitectura, pero lo hacían fascinados por la naturaleza, ya fuese de manera más abstracta o más naturalista. Sin embargo, los aquí presentados, su fascinación es por la máquina y sus increíbles proezas, por la técnica y su admirable precisión, por la industria y sus nuevas posibilidades, en suma, por lo artificial. Y como se ha visto, justo en el origen de esa fascinación está la emoción percibida ante la velocidad.

Legiones enteras de arquitectos y diseñadores seguirían luego esos primeros pasos hasta convertirlos en moda. Y más allá de la arquitectura, una sociedad al completo se empezó a equipar con objetos de todo tipo que se presentaban envueltos por atractivas líneas aerodinámicas: desde opulentos automóviles americanos hasta simples grapadoras de oficina. Y así hasta hoy mismo. Claro que reescritos sobre esa misma vía que los futuristas abrieron para la modernidad, a lo largo de todo el siglo XX se encontrarán momentos de intensificación, coincidiendo con la aparición de la obra de determinados personajes "fuertes", desde Carlo Mollino hasta Eero Saarinen. Los ejemplos se nos han multiplicado en gran número ante nuestros ojos. Y es que, ciertamente, la velocidad ha venido para quedarse...

Llegados a este punto, lancemos pues ahora a los cuatro vientos las inquietas serpentinas de colores de Loïe Fuller, cuya fascinación provocada ayudó a cambiar una época, cambiemos la nuestra y cantemos con Bruno Taut el reto que son para la arquitectura la velocidad y su fricción... *"¡Fuera los cascarrabias, los aguafiestas, los eternamente preocupados, los siempre escépticos, los amargados, los*

[3]   MARINETTI, F. T., *Manifiestos y textos futuristas*, Ediciones del Cotal, Barcelona, 1978, pp. 126-130

[4]   *Ibidem*, pp. 221-224: extracto de "La arquitectura futurista", de Antonio Sant'Elia con Filippo Tommaso Marinetti, como texto reconvertido en Manifiesto de la arquitectura futurista, lo que en su origen era el texto de Antonio Sant'Elia para su propia exposición "La ciudad nueva".

[5]   Palabras dichas en 1926 y recogidas en MENDELSOHN, E., *Gedankenwelt*, Hatje Cantz Verlag, Ostfildern-Ruit, 2000, p.108

[6]   *Ibidem*, p. 48-49: extraído de la conferencia titulada entre otras cosas como "...dinámica y función", del año 1923

[7]   TAUT, B., "¡Abajo la seriedad!", texto de 1920, en CONRADS, U., ed., *op. cit.*, p. 88

[8]   *Ibidem*, p. 89

siempre importantes!" [7]. *No les demos cabida entre nosotros... "Y viva siempre, y siempre más, lo dinámico, grácil, fluido, reluciente, brillante, ligero: ¡viva la arquitectura eterna!"* [8]

080

[1]   LE CORBUSIER, "Principios de Urbanismo", texto de 1925, en CONRADS, U., ed., *Programas y manifiestos de la arquitectura del siglo XX*, Editorial Lumen, Barcelona, 1973, p. 142

[2]   MALEVICH, K. S., "Manifiesto suprematista", texto de 1920 ampliando el de 1915, en CIRLOT, L., ed., *Primeras vanguardias artísticas, textos y documentos*, Editorial Labor, Barcelona, 1993, p.205

MIQUEL VERDÚ
SURFACE MODELING

In the first place I would like to vindicate the importance of interaction, the contact between different disciplines for the continuous renovation of a subject. I am in favor of letting myself be influenced by other ways of designing or other projecting processes, in order to make improvements in the process, or simply in order to challenge the principles on which we stand at every moment. In this sense, we have to be very critical with the specialization of the profession, which limits the possibilities of renewing the ideas. We must leave behind the professional "chauvinism" that we as architects are frequently accused of. We should start by stop thinking that Architecture has some kind of supremacy over the arts.

The second aspect that I would like to point out is the importance of the architect as a forms specialist. It seems unlikely that in architecture schools there are no subjects like sculpture, a discipline that is directly related to the control of forms. It is true that the most singular part of our occupation is the interior space, as has been noted by Zevi and other

[1] UNIQUE FORMS IN THE CONTINUITY OF SPACE [UMBERTO BOCCIONI]

there is a concern about experimenting with random forms, also called anomalous forms, according to some treaties. As a result of the architects search for experimenting with new formal solutions and with the appearance of computers and software packages able to shape surfaces, there is a freedom of forms that had not been available until recently. To set some examples, we can point out at **ONL [Oosterhuis_Lénárd]** [2] and **Erick van Egeraat** in Holland, **Steven Holl** [3] in North America and **Alejandro Zaera And Farshid Mussavi** [4] in Spain.

We should establish a first excluding distinction in order to be able to recognize the anomalous form. We will define as anomalous form the one that does not conform to Euclidean geometry. It is not about **plans** or **cubes**, [5] **spheres**, [6] **regular surfaces**, [7] **parables**, [8] etc, all those entities that do not

authors' writings, it is also true that the communication method of the designer is the form itself, whether interior – in the case of architecture- or exterior [car design, industrial design, jewelry design, etc., as well as architecture itself]. Whether we like it or not, when we make a building we are making a sculpture and, unfortunately, in many cases, the form is conditioned by the materials that have been used to build it.

Having said this, I want to pay homage to Umberto Boccioni, beginning of the century's futuristic painter and sculptor, who has been able to express movement and speed better than anybody else in **Unique Forms In The Continuity Of Space**. [1] Observing this sculpture, it seems that movement is closely related to ransom forms. Our study is based on this type of entity, leaving aside cubical as well as flat forms that intuitively seem more static.

If we take a look at our current architectonic scenery it is obvious that

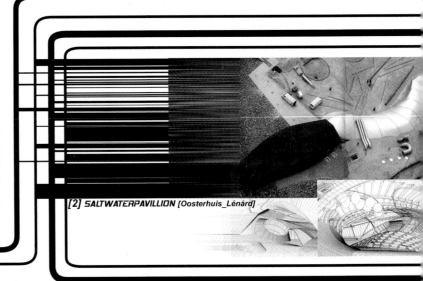

[2] SALTWATERPAVILLION [Oosterhuis_Lénárd]

[5] AHMEDABAD HOUSE [LE CORBUSIER]

[6] SYDNEY OPERA HOUSE [JORN UTZON]

[3] NATURAL HISTORY MUSEUM [STEVEN HOLL]

[FOA] YOKOHAMA INTERNATIONAL PORT TERMINAL [4]

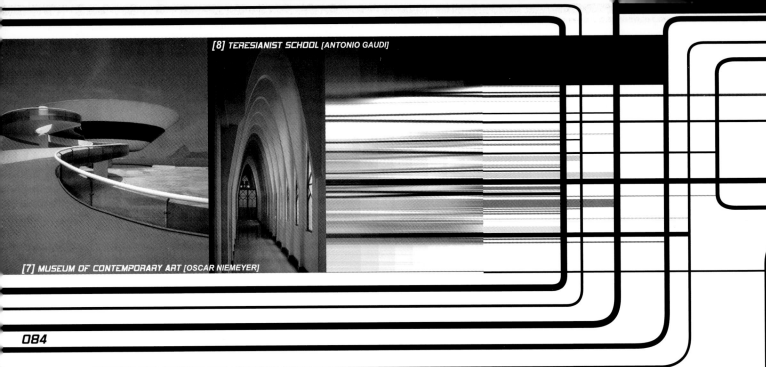

[8] TERESIANIST SCHOOL [ANTONIO GAUDI]

[7] MUSEUM OF CONTEMPORARY ART [OSCAR NIEMEYER]

to an exact equation. On the contrary, it is about N.U.R.B.S. [Non Uniform and Rational B-Spline] entities, also called Bezier's, which are based on polinomic approximations, on which automobile designers are already experts. In fact, Bezier's mathematics comes out of the automobile designers' demand to be able to shape surfaces freely. We are going to follow the process of the design of an automobile, from the beginning, with the purpose of having interaction with another design sector and to see how these forms are used.

The starting point is to determine to which market segment it is addressed, if we are talking about, for example, a compact car or a four by four vehicle. [9]

Once we have the segment, the first sketches are drawn, which they are normally in perspective, which implies that it is about volume from the beginning. [10]

After this, real measures are given to those sketches by means of what is called the "package" or group of dimensions necessary for the car to run. [11]

Later, the first scale models are produced and also the first wind tunnel tries are made. [12] It is about real hand-made sculptures, sometimes made at 1:1 scale.

The next step is to make a digital version of that model by means of a touch machine, in the three coordinate axes. [13] A cloud of dots is generated, in computerized form, reproducing the form of the model, which will configure the base on which surfaces will be generated.

Finally, the definite surfaces of the automobile are adapted to it, by means of the software programs based on polinomic approximations. [14] It is a laborious process, which allows for the modification and the representation of the finished product. Once the computer media defines the car surfaces, they can be produced physically. Taking advantage of the data generated, a numerical control machine will be able to mill the volumes coming from the polinomic model.

In order to have a more detailed illustration of this last step, we must talk about the software that is involved. They are programmed as for example Icem Surf, which basically have a great diagnostic capacity, among them we find the bending. [15]. The bending control is essential in the automobile design. What we really look for is the continuity of surfaces, for aerodynamic, ergonomic and beauty purposes. The brightness diagnosis [16] is also of crucial importance in the quality control of a particular product, which may be finished with metallic paint.

A simulated production of a piece could start from a constructive section, [17] a generation of the first basic surfaces, [18] cutting off of

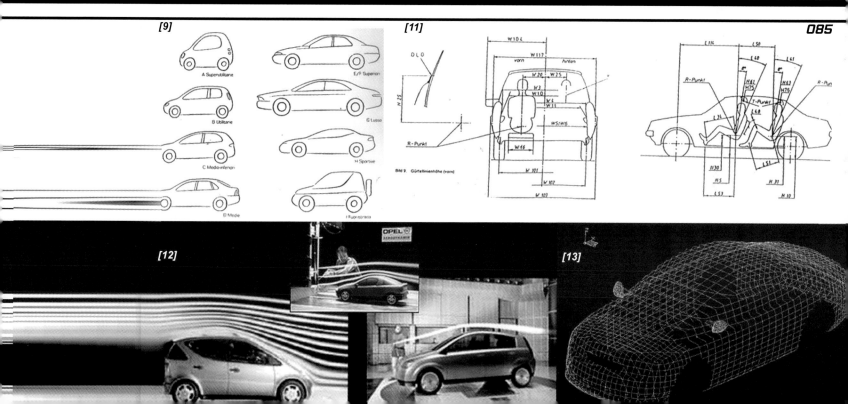

[15]

[16]

[10]

[14]

[17]

the previous entities, [19] placing the transition or radios' surfaces [20] and finally rendered. [21] Moreover, this piece is normally part of a group of pieces that provide the final volume, such as, for instance, the inside of a car, [22] and it has to respect its neighboring conditionings with the rest of the pieces.

Having analyzed all this process, we can enumerate three basic concepts, generic enough to be transferred to any field of design. These will be the premises for the design of a type of new anomalous forms:

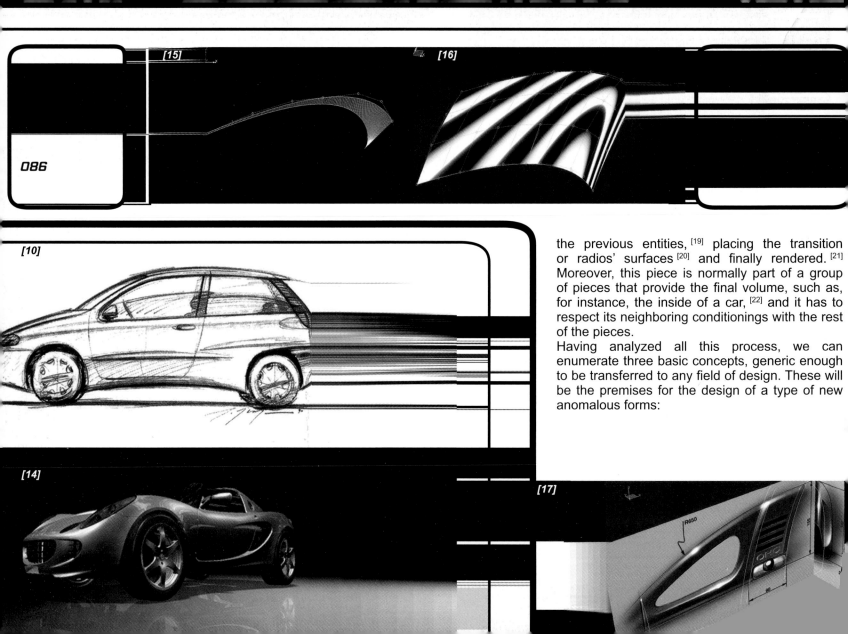

R650

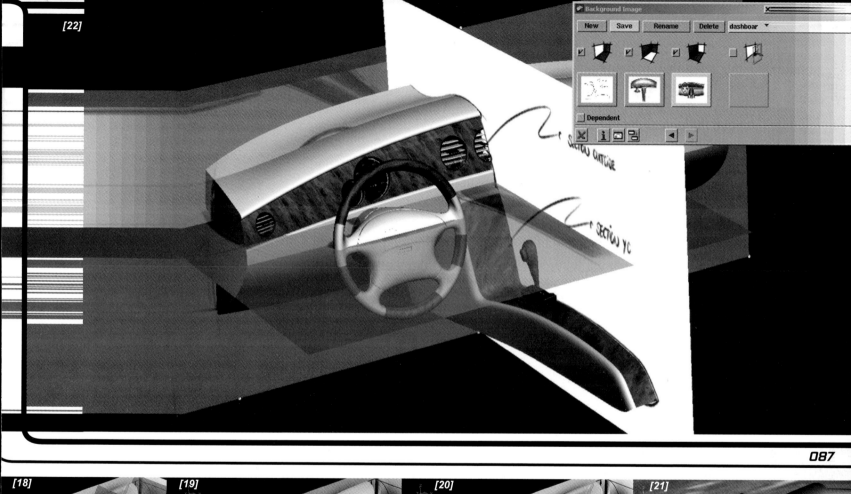

[22]

SECTION CUTCODE

SECTION YC

Background Image

New   Save   Rename   Delete   dashboar ▼

☑   ☑   ☑   ☐

☐ Dependent

087

[18]

R650

[19]

R650

[20]

R650

[21]

THE PLAN AND THE CLASSICAL SURFACES ARE A PARTICULAR CASE IN THE FREE FORM. [23]

We must bear in mind that surfaces, facades, roofs, floors are not flat by default, but they have somehow tilted. We remove the plan as the great protagonist of architecture.

SURFACES ARE CONTINUOUS. [24]

This implies that its bends diagram is continuous and without breaks. All the entities that are generated are controlled by the choice of the continuity. Beauty, purity and hard work are associated to a diagram without breaks. If the diagram is discontinuous it implies random, chaos. There must exist an internal coherence law that allows us to solve the programs and functions that are developed in architecture and generate all the geometry in the same way.

ARCHITECTURE IS A COHERENT TRANSITION BETWEEN THE CONCAVE AND THE CONVEX. [25]

Once continuity is defined, what separates interior from exterior is concavity and convexity. We move to a different level in which the exterior and the interior space have a closer relationship, for the sole reason that they come from a generation to which we have imposed continuity. The facade is put in a situation of crisis, the wrapping as a barrier between the external and the internal as well as the concepts of floor, roof and walls. There is not such a sharp distinction any more. [26]

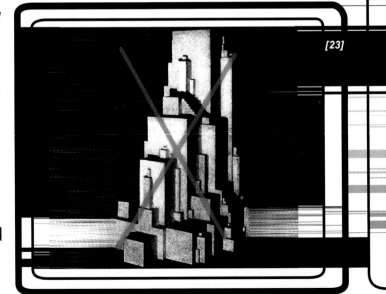

[23]

[26]

PLANS AND ELEVATIONS

[25] ENDLESS HOUSE [FREDERICK KIESLER]

MIQUEL VERDÚ

EL MODELADO DE SUPERFICIES

En primer lugar quisiera reivindicar la importancia que tiene la interacción, el contacto entre las diversas disciplinas para la continua renovación de una materia. Soy partidario de dejarme influir por otras maneras de diseñar u otros procesos de proyectación, con el fin de avanzar en el proceso, o simplemente para poner en crisis los principios que seguimos en cada momento. En este sentido hay que ser muy crítico con la especialización en la profesión, que limita las posibilidades de renovación de ideas. Hay que dejar de lado el "chauvinismo" profesional del que se nos acusa a los arquitectos empezando por dejar de pensar que la Arquitectura tiene alguna supremacía sobre las otras artes.

La segunda cosa que quiero resaltar es la importancia del arquitecto como especialista de la forma. Parece inverosímil que en las escuelas de arquitectura no haya una asignatura que sea escultura, una disciplina directamente encarada al control formal. Si bien es cierto que lo diferenciador de nuestro oficio es el espacio interior, como resaltan Zevi y muchos otros en sus escritos, también es igualmente verdadero que el modo de comunicación del diseñador es mediante la forma, sea interior - en el caso de la arquitectura - o exterior [diseño de coches, diseño industrial, diseño de joyas, etc., y también la propia arquitectura]. Queramos o no, cuando hacemos un edificio estamos

Habría que establecer una primera diferenciación, excluyente, para poder reconocer la forma anómala. Vamos a definir como forma anómala aquella que no responde a la geometría euclídea. No se trata de **planos** o **cubos**, [5] **esferas**, [6] **superficies regladas**, [7] **parábolas**, [8] etc, todas aquellas entidades que responden a una ecuación exacta. Se trata por el contrario, de entidades N.U.R.B.S. (Non Uniform and Rational B-Spline) o también entidades de Bezier que se basan en aproximaciones polinómicas, de las que los diseñadores del mundo de la automoción son ya expertos. De hecho la matemática de Bezier surge ante una demanda de los diseñadores de automóviles para poder modelar superficies de manera libre. Vamos a seguir el proceso de diseño de

haciendo escultura y, desgraciadamente, en muchos casos, la forma viene condicionada por los elementos con los que se ha construido.

Hecho este par de puntualizaciones quiero rendir homenaje a Umberto Boccioni, pintor y escultor futurista de principios de siglo que ha sabido plasmar como nadie el movimiento y la velocidad en *"Formas Únicas En La Continuidad Del Espacio"*. [1] Observando esta escultura parece que el movimiento está íntimamente relacionado con las formas aleatorias. Nuestro estudio se va a centrar en este tipo de entidades, dejando de lado las formas cúbicas o planas que intuitivamente aparentan más estáticas.

Si echamos un vistazo al panorama arquitectónico actual es evidente que hay una preocupación por experimentar con formas aleatorias o también llamadas formas anómalas, según algunos tratados. Producto de la inquietud de los arquitectos por experimentar nuevas soluciones formales y de la aparición de los ordenadores y de paquetes de sofware capaces de modelar superficies, existe una libertad formal que hasta ahora no estaba disponible. Por poner unos ejemplos podemos señalar a **ONL [Oosterhuis_Lénárd]** [2] y **Erick van Egeraat** en Holanda, **Steven Holl** [3] en Norteamérica y **Alejandro Zaera y Farshid Mussavi** [4] en España.

un automovil, desde sus inicios, con el fin de tener interacción con otro sector del diseño y para ver cómo se utilizan estas formas.

El punto de partida para diseñar un coche es determinar a qué segmento del mercado va destinado, si se trata, por ejemplo, de un utilitario o de un vehículo todoterreno. [9]

Una vez tenemos el segmento se pasan a confeccionar los primeros bocetos, que normalmente son en perspectiva, lo que implica que desde el primer momento se trata el volúmen. [10]

Seguidamente se le dan medidas reales a esos bocetos mediante lo que se llama el "package" o conjunto de dimensiones necesarias para que el coche funcione. [11]

Posteriormente se fabrican las primeras maquetas y se hacen las primeras comprobaciones de túnel de viento. [12] Se trata de verdaderas esculturas hechas a mano, que a veces se realizan a escala 1:1.

El siguiente paso es hacer un digitalizado de esa maqueta mediante una máquina palpadora, en los tres ejes coordenados. [13] Se genera una nube de puntos, en formato informático, reproduciendo la forma del modelo, que configurará la base con la cual se generarán las superficies.

Finalmente sobre el digitalizado se adaptan las superficies

definitivas del automóvil, con los programas de software basados en aproximaciones polinómicas. [14] Un proceso laborioso, que permite la modificación y la representación del producto acabado. Una vez están definidas las superficies del coche mediante medios informáticos ya se pueden pasar a producirse físicamente. Aprovechando todos los datos generados, una máquina de control numérico podrá fresar los volúmenes procedentes del modelo polinómico.

Para ilustrar con más detalle este último paso hay que hablar un poco del software que se utiliza. Son programas como por ejemplo Icem Surf, que fundamentalmente tienen gran capacidad de diagnósticos, entre ellos el de curvatura. [15] El control de la curvatura es fundamental en

suelos, por defecto no son planos, sino que tienen algo de curvatura. Quitamos al plano como gran protagonista de la arquitectura.

LAS SUPERFICIES SON CONTINUAS. [24]

Esto implica que su diagrama de curvaturas es continuo y sin saltos. Todas las entidades que se generan estarán controladas por la criba de la continuidad. Se asocia lo bello, lo depurado, lo trabajado a un diagrama sin saltos. Si éste es discontinuo implica aleatoriedad, caos. Debe existir una ley de coherencia interna que nos permita resolver los programas y funciones que se desarrollan en la arquitectura y generar de la misma manera toda la geometría.

el diseño de automóviles. Realmente lo que se busca es la continuidad de las superficies, por motivos de aerodinamicidad, ergonomía, belleza, etc. El diagnóstico de brillo [16] también es de suma importancia para controlar la calidad de un producto que puede estar acabado con pinturas metalizadas.

Un simulacro de realización de una pieza podría partir de una sección constructiva, [17] generación de primeras superficies básicas, [18] recorte de las entidades anteriores, [19] colocación de las superficies de transición o radios [20] y finalmente renderizado. [21] Además esta pieza normalmente forma parte de conjuntos de piezas que dan el volumen final, como pueda ser un interior de un coche, [22] y tiene que respetar sus condiciones de vecindad con las otras piezas.

Visto todo este proceso podemos enumerar tres conceptos básicos, lo suficientemente genéricos como para que sean extrapolables a cualquier campo del diseño. Serán las premisas para el diseño de un tipo de nuevas formas anómalas:

EL PLANO Y LAS SUPERFICIES CLÁSICAS SON UN CASO PARTICULAR DE LA FORMA LIBRE. [23]

Hay que pensar que las superficies, las fachadas, los techos, los

LA ARQUITECTURA ES LA TRANSICIÓN COHERENTE ENTRE LO CÓNCAVO Y LO CONVEXO. [25]

Una vez definida la continuidad lo que diferencia interior y exterior es la convexidad y la concavidad. Se pasa a un nivel en el que espacio exterior e interior tienen más relación por el mero hecho de proceder de una generación a la que le hemos impuesto la continuidad. Se pone en crisis la fachada, el envoltorio como barrera entre lo externo y lo interno así como los conceptos de suelo, techo y paredes. Ya no hay una diferenciación tan marcada. [26]

in the forms of design and production. On the other hand, the analogous starts to depend on the digital. Everything that is digital always exists a priori, before a possible physical representation within the world of the objects.

This is the research framework in which the Digital Architecture Workshop of the ESARQ_UIC operates. It is a research group that branches from the broader field of "Genetic Architectures", which aims at providing architects and designers with the understanding of the keys to interact with the new tools from computer science. In this way, their students will be able acquire the skills necessary to allow them to project, represent, simulate and manufacture elements, components and architectural projects by digital means.

AFFONSO ORCIUOLI

INFORMATION SYSTEMS APPLIED TO ARCHITECTURE

DIGITAL TOOLS

The society of the information is one of the most representative traits of our contemporary culture, and it is transforming the way in which we interact with our environment. Computers, computer sciences and the Internet have encouraged new ways of working, learning and communicating. Within this change of paradigm we find the new technologies, based on the manipulation, managing, storing and exchanging of information in a digital manner. Nothing can escape from this phenomenon.

The so-called digital revolution has an interest for architecture that is two-fold. On the one hand, it implies the substitution of an on-site exchange of information by the cyberspace, replacing a physical space by one that does not exist geographically. The digital world co-exists with the real world, and this change is also reflected

The group is profiled within a theoretical background which is frequently illustrated by the presence of architects, designers, philosophers, artists, biologists and geneticists, who contribute to a possible evolution of our way of conceiving, interpreting, visualizing or interacting with our environment.

The subject is taught in a practical way by means of manipulating the computer design and analogous production programs using computer numeric control [CNC] and rapid prototyping [RP], which are located in the ESARQ facilities.

COMPUTER SCIENCE APPLIED TO ARCHITECTURE

The development of computer programs means a new geometry for architects and designers. Topology, *splines, NURBS,* and the use of sophisticated computer programs, which were formerly executable only by the most powerful computers, have triggered an interest in architects. Ten years ago, computers started to replace traditional drawing tools. Nowadays it is possible to develop the whole architectural process in three dimensions [project and manufacturing] reaching certain proposals that would be impossible or very tedious and time-consuming to carry out. Computer sciences proposes a new architectonic language, already experimented in a virtual way, but one that can be made real by means of the computer numeric control.

CAD-CAM

A computer numeric control is capable of automating a series of instructions sent from specific programs. A CNC can mill, record, cut and make various types of operations to change certain materials [metal, wood, plastic, fabric, methacrylate, stone, etc] by subtracting the material. These programs that are sent to the CNC are generated from programs such as CAM [computer aided manufacturing]. There

are currently CNC machines that work with tools such as milling machines, laser, water stream, plasma, blades, etc. The automating program is generated from a CAD file, where the vectorial geometry [data] is interpreted and tries to establish automating routes [router]. In this way, the designed form is held under a very thorough control, independently of its complexity, establishing a close relationship between design and production.

RP

Rapid prototyping machines also work from digital archives, where the physical form is obtained by means of a deposition of material [polymers, plastic, plaster, resins, and even metals]. The size of the pieces tends to be small and a RP will directly produce a three-dimensional reading at each tenth fraction of a millimeter of the CAD geometry, generating prototypes for the validation and analysis of the projects.

These machines, recently used in architecture, allow for a form of production of the objects with short production requirements. If chain production has been the bases of the industrial revolution, the manufacturing machines controlled by computers overcome this limiting idea. For CNC or RP machines it is indifferent to make pieces that are all the same or different, and that fact does not imply spending more time or more material, and, therefore, coming up with more costly objects. Computer science allows for a non-standard architecture, which means a counterpart to the bases of the industrial revolution.

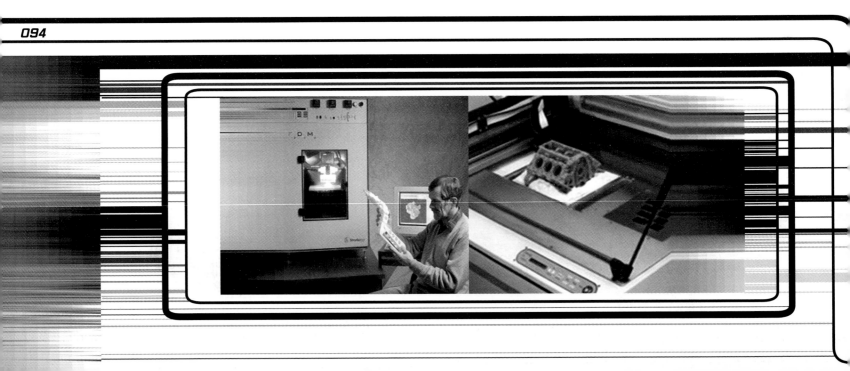

CYBERNETICS AND ARCHITECTURE

Cybernetics is the science that allowed for the finding of the logic that rules computers and, therefore, the CNC or RP. The creator of cybernetics, the mathematician Norbert Wiener, developed this science from the theory of message control. In 1948, he published the book "Cybernetics and Society", where this term appears for the first time. *Kybernetes* in Greek means "helmsman", that is, the person in charge of "governing" the machines as well as the people and the systems.

With the new computer technologies, the designer searches into the study of geometry from its macro and micro aspects, experimenting a relationship of feedback between design and manufacturing, in a cybernetic manner. The actual designer may produce the objects physically, like a craftsman, but using the present tools that technology provides.

From this digital relationship between design and manufacturing, a new architecture can be generated inside the computer and later have an analogous life. If computer science proposes a new era, this advent also has consequences in the real, physical world.

AFFONSO ORCIUOLI

DIGITAL TOOLS: LA APLICACIÓN DE SISTEMAS DE INFORMACIÓN A LA ARQUITECTURA

La sociedad de la información representa uno de los rasgos más característicos de la cultura contemporánea, y está transformando la forma de cómo interactuamos con el mundo que nos rodea. Los ordenadores, la informática e internet han hecho surgir nuevas formas de trabajo, de aprendizaje y de comunicación. Dentro de este cambio de paradigma se encuentran las nuevas tecnologías, basadas en la manipulación, gestión, almacenamiento e intercambio de información de forma digital. No hay nada que no esté bajo la influencia de este fenómeno.

La llamada revolución digital tiene doble interés en la arquitectura. Por una parte suscita la sustitución de una forma presencial de intercambio de informaciones por el ciberespacio, contraponiendo un lugar físico por otro que no existe geográficamente. El mundo digital coexiste con lo real, y este cambio también se refleja en las formas de diseño y producción. El analógico empieza a depender de lo digital. Todo lo que es digital existe siempre *a priori* que una posible representación física dentro del mundo de los objetos.

Este es el marco donde se encuentra el Taller de Arquitectura Digital, de la ESARQ (UIC), integrante a su vez de la línea de investigación "Arquitecturas Genéticas" que tiene como objetivo llevar al conocimiento de arquitectos y diseñadores las claves para interactuar con las nuevas herramientas provenientes de la informática, dotando a sus alumnos de las habilidades que les posibiliten proyectar, representar, simular y manufacturar elementos, componentes y proyectos arquitectónicos de una forma digital.

Desde tal línea de investigación se perfila en un trasfondo teórico frecuentemente ilustrado con la presencia de arquitectos, diseñadores, ingenieros, filósofos, artistas, biólogos o genetistas sobre una posible evolución de nuestra forma de concebir, interpretar, visualizar, o interactuar con nuestro mundo alrededor.

La docencia es impartida de forma práctica con la manipulación de programas informáticos de diseño y producción analógica vía máquinas de control numérico [CNC] y de *rapid prototyping* [RP], en las instalaciones de la propia ESARQ.

INFORMÁTICA APLICADA A LA ARQUITECTURA

El desarrollo de los programas informáticos supone para arquitectos y diseñadores una nueva geometría. Topología, *splines, nurbs* y el uso de sofisticados programas informáticos, antes sólo posible de ser ejecutados en potentes ordenadores, han despertado el interés por parte de los arquitectos. Hace poco más de diez años los ordenadores empezaron a sustituir las herramientas tradicionales de dibujo. La actualidad posibilita el desarrollo de todo el proceso arquitectónico en tres dimensiones [proyecto y manufactura], hasta llegar a determinadas propuestas que sin el soporte informático serían imposibles, o muy laboriosas, de ser llevadas a cabo. La informática propone un nuevo lenguaje arquitectónico, ya experimentado de forma virtual, pero que puede ser hecho realidad mediante las máquinas de control numérico.

CAD-CAM

Una máquina de control numérico es capaz de mecanizar una serie de instrucciones enviadas desde determinados programas específicos. Una CNC es capaz de fresar, grabar, cortar y hacer diversos tipos de operaciones que cambiarán determinado material [metales, maderas, plásticos, tejidos, metacrilato, piedra, etc.] mediante sustracción de material. Estos programas que son enviados a la CNC son generados desde programas tipo CAM [computer aided manufacturing]. Actualmente hay máquinas CNC que trabajan con herramientas que pueden ser fresas, láser, chorro de agua, plasma, cuchillas, etc. El programa de mecanizado es generado a partir de un archivo CAD, donde se interpreta la geometría vectorial [data] y trata de establecer las rutas de mecanizado [router]. De esta forma, se mantiene bajo un riguroso control la forma diseñada, independiente de su complejidad, estableciendo una estrecha relación entre diseño y producción.

Las máquinas de *rapid prototyping* también trabajan a partir de archivos digitales, donde la forma física se obtiene mediante la deposición de material [polímeros, plástico, yeso, resinas e incluso metales]. Los tamaños de las piezas suelen ser pequeñas y una RP hará directamente la lectura tridimensional a cada décima de milímetro de la geometría CAD, generando prototipos para la validación y análisis de proyectos.

Estas máquinas, de reciente uso en la arquitectura, permiten una forma de producción de objetos de pequeña tirada. Si la producción en serie ha sido la base de la revolución industrial, las máquinas de manufactura controladas por la informática superan esta idea reductora. Para las máquinas de CNC o RP es indiferente hacer piezas todas iguales o distintas, sin que eso conlleve a gastar más tiempo o material, y por consiguiente, tener objetos más costosos. La informática posibilita una arquitectura no estándar, contraponiéndose a las bases de la revolución industrial.

CIBERNÉTICA Y ARQUITECTURA

La cibernética es la ciencia que hizo posible encontrar la lógica que rige los ordenadores y por consiguiente las CNC o RP. El creador de la cibernética, el matemático Norbert Wiener, desarrolló esta ciencia a partir de la teoría de control del mensaje. En 1948 publicó el libro "Cibernética y Sociedad", donde aparece por primera vez este término. *Kybernetes*, en griego, significa timonero, es decir, aquel responsable por el "gobierno" de las máquinas, personas o sistemas.

Con las nuevas tecnologías informáticas el diseñador se adentra en el estudio de la geometría desde su aspecto macro al micro, experimentando una relación de retroalimentación entre diseño y manufactura, de manera cibernética. El mismo diseñador puede ser el que haga la realización física de los objetos. Como si se tratara de un artesano, pero utilizando las herramientas actuales que la tecnología permite.

A partir de esta relación digital entre diseño y manufactura, una nueva arquitectura es capaz de ser generada dentro de los ordenadores para luego tener una vida analógica. Si la informática propone una nueva era, este adviento tiene también sus consecuencias en el mundo físico y real.

RAPID PROTOTYPING

AN OVERVIEW

MARUAN HALABI

MARUAN HALABI

The term rapid prototyping [RP] refers to a class of technologies that can automatically construct physical models from Computer-Aided Design [CAD] data. These "three dimensional printers" allow designers to quickly create tangible prototypes of their designs, rather than just two-dimensional pictures. Such models have numerous uses. They make excellent visual

aids for communicating ideas with co-workers or customers, and of course, in addition that prototypes can be used for design testing. RP has obvious use as a vehicle for visualization. In fact, the first physical visualization component in the process of communication with the designer in the base of digital-physical process.

The basic reasons of Rapid Prototyping are to increase effective communication, to decrease development time, to minimize sustaining engineering changes, and to extend product lifetime by adding necessary features and eliminating redundant features early in the design.

In addition to prototypes, RP techniques can also be used to make tooling [referred to as rapid tooling] and even production-quality parts [rapid manufacturing]. For small production runs and complicated objects, rapid prototyping is often the best manufacturing process available. Of course, "rapid" is a relative term. Most prototypes require from three to twenty four hours to build, depending on the size and complexity of the object and on the size constraints of the machine, which are relatively small. This may seem slow, but it is much faster than the weeks or months required to make a prototype by other means such as machining. These dramatic time savings allow designers to come up with innovative results faster and more cheaply.

At least six different rapid prototyping techniques are available in the market, each with unique strengths. Because RP technologies are being increasingly used in non-prototyping applications, the techniques are often collectively referred to as solid free-form fabrication, computer automated manufacturing, or layered manufacturing. The latter term is particularly descriptive of the manufacturing process used by all commercial techniques. A software package "slices" the CAD model into a number of thin [~0.1 mm] layers, which are then built up one atop another. Rapid prototyping is an "additive" process, combining layers of paper, wax, or plastic to create a solid object. In contrast, most machining processes [milling, drilling, grinding, etc.] are "subtractive" processes that remove material from a solid block. RP's additive nature allows it to create objects with complicated internal features that cannot be manufactured by other means.

But what are the consequences of using such technology in the architectural design process? As long as architects assume the consequences of dealing with such unique technology, taking advantage in the process of innovation and precision from many different fields, they can innovate and reach up with new strategies in architectural design. Maybe this is too radical for some, although for others it has become a pure necessity due to the fact that it is almost impossible or too time consuming to conceive and visualize form in a coherent manner. Something that abiding by such technology, it can be done almost by touching a button. Therefore, as the increase of awareness of such technologies is happening in the architectural world, traditional constraints are becoming less and less predominant in the process of designing and proposing innovative forms, which takes architecture to a much higher level of discourse.

THE BASIC PROCESS OF RAPID PROTOTYPING

Although several rapid prototyping techniques exist, all employ the same basic five-step process. The steps are:

1. Create a CAD model of the design
2. Convert the CAD model to STL format
3. Slice the STL file into thin cross-sectional layers usually done by a data translator
4. Construct the model one layer atop another
5. Clean and finish the model

First, the object to be built is modeled using a Computer-Aided Design (CAD) software package. For this process, almost any 3 dimentional modeller can generate such files, such as for example Rhinoceros, 3D max, or even autocad. The designer can use a pre-existing CAD file or may wish to create one expressly for prototyping purposes. This process is identical for all of the RP build techniques.

The various CAD packages use a number of different algorithms to represent solid objects. To establish consistency, the STL (stereolithography, the first RP technique) format has been adopted as the standard of the rapid prototyping industry. The second step,

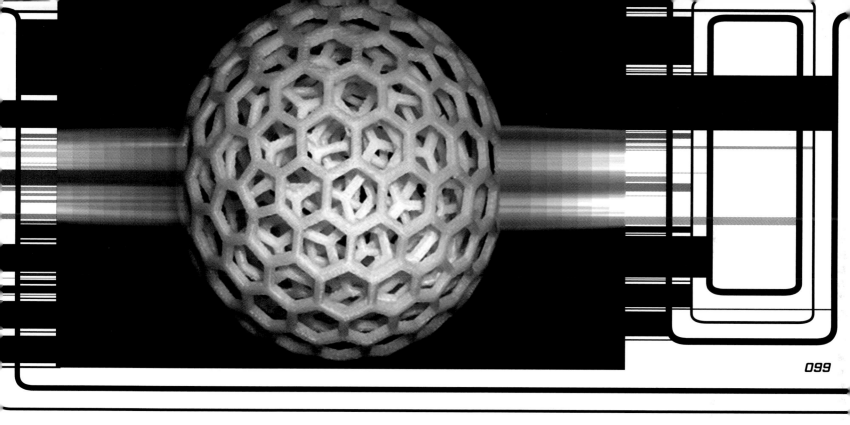

therefore, is to convert the CAD file into STL format. This format represents a three-dimensional surface as an assembly of planar triangles, more known as the "polygon mesh". The file contains the coordinates of the vertices and the direction of the outward normal of each triangle. Because STL files use planar elements, they cannot represent curved surfaces exactly. Increasing the number of triangles improves the approximation, but at the cost of bigger file size. Large, complicated files require more time to pre-process and build, so the designer must balance accuracy with manageablility to produce a useful STL file. Since the .stl format is universal, this process is identical for all of the RP build techniques.

In the third step, a pre-processing program prepares the STL file to be built. Several programs are available, and most allow the user to adjust the size, location and orientation of the model. The pre-processing software slices the STL model into a number of layers from 0.01 mm to 0.7 mm thick, depending on the build technique. The program may also generate an auxiliary structure to support the model during the build. Supports are useful for delicate features such as overhangs, internal cavities, and thin-walled sections. Each PR machine manufacturer supplies their own proprietary pre-processing software.

The fourth step is the actual construction of the part. RP machines build one layer at a time from polymers, paper, or powdered metal, and most machines are fairly autonomous, needing little human intervention.

The final step is post-processing. This involves removing the prototype from the machine and detaching any supports. Some photosensitive materials need to be fully cured before use. Prototypes may also require minor cleaning and surface treatment. Sanding, sealing, and/or painting the model will improve its appearance and durability.

APPLICATIONS OF RAPID PROTOTYPING

Rapid prototyping is widely used in the automotive, aerospace, medical, and consumer products industries. And let's not forget that architects are also becoming part of this system. Although the possible applications are virtually limitless, nearly all fall into one of the following categories: prototyping, rapid tooling, or rapid manufacturing.

PROTOTYPING

As its name suggests, the primary use of rapid prototyping is to quickly make prototypes for communication and testing purposes. Prototypes dramatically improve communication because most people, including engineers, find three-dimensional objects easier to understand than two-dimensional drawings. Such improved understanding leads to substantial cost and time savings. By exchanging prototypes early in the design stage, manufacturing can start tooling up for production while the art division starts planning the packaging, all before the design is finalized.

Prototypes are also useful for testing a design, to see if it performs as desired or needs improvement. Engineers have always tested prototypes, but RP expands their capabilities. First, it is now easy to perform iterative testing: build a prototype, test it, redesign, build and test, etc. Such an approach would be far too time-consuming using traditional prototyping techniques, but it is easy using RP.

RAPID TOOLING

A much-anticipated application of rapid prototyping is rapid tooling, the automatic fabrication of production quality tools. Tooling is one of the slowest and most expensive steps in the manufacturing process, because of the extremely high quality required, and usually constraining architects to abide by standard components. Tools often have complex geometries, yet must be dimensionally accurate to within a hundredth

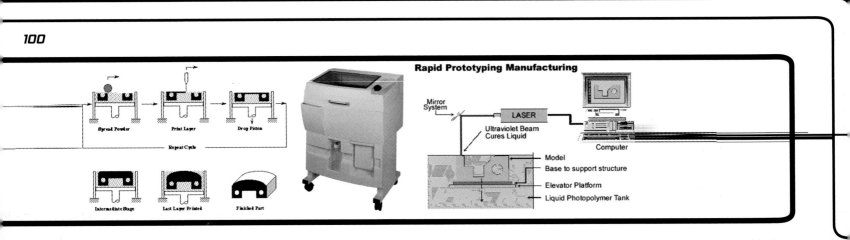

Rapid Prototyping Manufacturing

of a millimeter. To meet these requirements, molds and dies are traditionally made by CNC-machining, electro-discharge machining, or by hand. All are expensive and time consuming, so manufacturers would like to incorporate rapid prototyping techniques to speed the process.

RAPID MANUFACTURING

A natural extension of RP is rapid manufacturing [RM], the automated production of products directly from CAD data. Currently only a few final products are produced by RP machines, but the number will increase as metals and other materials become more widely available. RM will never completely replace other manufacturing techniques, especially in large production runs where mass-production is more economical.

For short production runs, however, RM is much cheaper, since it does not require tooling. RM is also ideal for producing custom parts tailored to the user's exact specifications

The other major use of RM is for products that simply cannot be made by subtractive [machining, grinding] or compressive [forging, etc.] processes. This includes objects with complex features, internal voids, and layered structures.

FUTURE DEVELOPMENTS

Rapid prototyping is starting to change the way designers think and build. On the horizon, though, are several developments that will help to revolutionize manufacturing as we know it.

One such improvement is increased speed. "Rapid" prototyping machines are still slow by some standards. By using faster computers, more complex control systems, and improved materials, RP manufacturers are dramatically reducing build time. Another future development is improved accuracy and surface finish. Improvements in laser optics and motor control should increase accuracy in all three directions. In addition, RP companies are developing new polymers that will be less prone to curing and temperature-induced warpage.

The introduction of non-polymeric materials, including metals, ceramics, and composites, represents another much anticipated development. These materials would allow RP users to produce functional parts.

Another important development is increased size capacity. Currently most RP machines are limited to objects 0.125 cubic meters or less. Larger parts must be built in sections and joined by hand. To remedy this situation, several "large prototype" techniques are in the works.

One future application is Distance Manufacturing on Demand, a combination of RP and the Internet that will allow designers to remotely submit designs for immediate manufacture.

Finally, the rise of rapid prototyping has spurred progress in traditional subtractive methods as well. Advances in computerized path planning, numeric control, and machine dynamics are increasing the speed and accuracy of machining. Modern CNC machining centers can have spindle speeds of up to 100,000 RPM, with correspondingly fast feed rates. Such high material removal rates translate into short build times. For certain applications, particularly metals, machining will continue to be a useful manufacturing process. Rapid prototyping will not make machining obsolete, but rather complement it.

SOURCES

STEVEN ASHLEY, "Rapid Prototyping is Coming of Age," *Mechanical Engineering*. July 1995: 63, 64.
PAMELA J. WATERMAN, "Rapid Prototyping," *DE*. March 1997: 30.
MICHELLE GRIFFITH and JOHN S. LAMANCUSA, "Rapid

Prototyping Technologies," *Rapid Prototyping*. 1998.
http://www.me.psu.edu/lamancusa/me415/rpintro2.pdf [Accessed 4/20/98).
GENE BYLINSKY, "Industry's Amazing New Instant Prototypes," Fortune Features. January 1998.
http://www.pathfinder.com/fortune/1998/980112/imt.html [Accessed 3/29/98].
RAY LANGDON, "A Decade of Rapid Prototyping," *Automotive Engineer*. May 1997: 44-45.
PETER HILTON, "Making the Leap to Rapid Tool Making," *Mechanical Engineering*. July 1995: 75.
MATTHEW WIECKOWSKI, "Alternative Helmet Design," Rehabilitation Robotics Research Program. 10/25/96.
http://www.asel.udel.edu/rapid/helmet/ [Accessed 4/21/98].
"Stratasys Announces New High Speed 'FDM Quantum' Rapid Prototyping System," Stratasys
PRESS RELEASE. 1/26/98.
http://ltk.hut.fi/archives/rp-ml/0212.html [Accessed 4/21/98].
"CyberCut: A Network Manufacturing Service"
http://CyberCut.berkeley.edu/ [Accessed 4/27/98].
GLENN HARTWIG, "Rapid 3D Modelers," *DE*. March 1997: 38-39.

RAPID PROTOTYPING

MARUAN HALABI

El término *rapid prototyping* [RP] se refiere a un tipo de tecnología que construye de una manera automática modelos físicos a partir de datos [CAD] de un diseño asistido por ordenador. "Estas impresoras tridimensionales" permiten a los diseñadores crear rápidamente modelos tangibles de sus diseños, en lugar de imágenes bidimensionales. Estos modelos tienen numerosos usos. Son excelentes ayudas visuales para comunicar ideas entre los compañeros de trabajo y clientes, y por supuesto, estos prototipos se pueden usar para probar el diseño. RP tiene un uso obvio como un vehículo para la visualización. De hecho, es el primer componente de visualización física en el proceso de

comunicación con el diseñador en la base del proceso de diseño físico-digital.

Las razones mas elementales del *rapid prototyping* son el aumentar y hacer más efectiva la comunicación, para disminuir el tiempo de desarrollo, minimizar los cambios en ingeniería, y para prolongar la vida del producto mediante añadidos necesarios y eliminando características redundantes en la fase inicial de diseño.

Además de los prototipos, las técnicas de RP se pueden utilizar también para fabricar el utillaje [*rapid tooling*] e incluso piezas con calidad de producción [*rapid manufacturing*]. Para la producción de tiradas pequeñas y objetos complejos es en muchas ocasiones el mejor proceso de fabricación disponible. Por supuesto el término ´rapid´ es un tanto relativo. La mayoría de los prototipos requieren de tres a veinticuatro horas para su fabricación, dependiendo del tamaño y la complejidad del objeto y en las limitaciones en lo referente al tamaño de la máquina, que son relativamente pequeñas. Esto puede hacernos pensar que este proceso es lento, pero es mucho más rápido que el tiempo de semanas o meses necesarios para hacer un prototipo con otros medios trabajados a máquina. Estos ahorros de tiempo permiten a los diseñadores llegar a diseños innovadores mucho más rápido y de una manera más económica.

Al menos existen seis técnicas de *rapid prototyping* en el mercado, cada una con sus respectivas ventajas. Debido a que las tecnologías de RP son cada vez más usadas para aplicaciones distintas a las de la fabricación de prototipos, las técnicas se refieren cada vez más a la fabricación de solidos de forma libre, fabricación asistida por ordenador, o fabricación por capas. El último término, define particularmente el proceso de fabricación utilizado por las técnicas comerciales. Un paquete de software «corta» el modelo CAD en un número de finas [~0.1 mm] capas, que posteriormente se montan una encima de otra hasta completar el modelo. *Rapid prototyping* es un proceso

innovación y precisión en todos los campos, pueden innovar y llegar a nuevas estrategias en el diseño arquitectónico. Tal vez sea demasiado radical para algunos, pero para otros ha llegado a ser una pura necesidad debido a que por medios tradicionales es casi imposible o demasiado lento el concebir y visualizar la forma de una manera coherente. Cualquier cosa originada mediante dicha tecnología, puede realizarse con solo apretar un botón. Por lo tanto, debido al conocimiento de estas tecnologías en el mundo de la arquitectura, las técnicas tradicionales cada vez son menos predominantes en el proceso de diseño y en la concepción de formas innovadoras, lo que lleva a la arquitectura a un nivel de discurso mucho mas elevado.

LOS PASOS BÁSICOS DEL RAPID PROTOTYPING

Aunque existen diversas técnicas de *rapid prototyping*, todas emplean los mismos cinco pasos, estos son:

´aditivo´, combina capas de papel, cera, o plástico para crear un objeto sólido. En contraste, la mayoría de los procesos de trabajo a máquina como el [*milling, drilling, grinding,* etc.] son procesos sustractivos que quitan material de un bloque inicial sólido. La naturaleza aditiva del RP permite crear objetos con complicadas características interiores que no se pueden fabricar con ningún otro medio.

Pero, ¿cuales son las consecuencias de usar esta tecnología en el proceso de diseño arquitectónico? Siempre y cuando los arquitectos asuman las consecuencias del uso de esta tecnología tan singular, y tomen ventaja del proceso de

1. Crear un modelo CAD del diseño.
2. Convertir el modelo CAD al formato STL.
3. Cortar el archivo STL en finas capas transversales, normalmente mediante un traductor de datos.
4. Construir el modelo mediante las capas, una encima de otra.
5. Limpiar y dar el acabado final al modelo.

Primero, el objeto que queremos construir se modela mediante el uso de un paquete de diseño asistido por ordenador [CAD]. Para este proceso, casi cualquier programa de modelado 3D puede generar el archivo necesario, por ejemplo Rhinoceros, 3D max, o incluso Autocad. El diseñador puede utilizar un diseño CAD ya existente, o puede crear uno expresamente para los propósitos del prototipo. Este proceso es idéntico para todos los procesos de RP.

Los varios paquetes de CAD utilizan una serie de diferentes algoritmos para representar objetos sólidos. Para establecer consistencia, el formato STL [*Stereolithography*, la primera técnica de RP] se ha

RAPID PROTOTYPING ES UN PROCESO ADITIVO, COMBINA CAPAS DE PAPEL, CERA, O PLÁSTICO PARA CREAR UN OBJETO SÓLIDO. EN CONTRASTE, LA MAYORÍA DE LOS PROCESOS DE TRABAJO A MÁQUINA [...] SON PROCESOS SUSTRACTIVOS QUE QUITAN MATERIAL DE UN BLOQUE INICIAL SÓLIDO.

adoptado como estándard en la industria del *rapid prototyping*.

El segundo paso, es convertir el archivo CAD al formato STL. Este formato representa una superficie tridimensional formada por triángulos planos, mas conocido como "malla poligonal". El archivo contiene las coordenadas de los vértices y la dirección de la normal de la cara exterior de cada triángulo. Debido a que los archivos STL utilizan elementos planos, no pueden representar las superficies curvas exactamente. Aumentando el número de triángulos mejora la aproximación, con el coste de un tamaño de archivo mayor. Los archivos grandes y complicados necesitan más tiempo para ser pre-procesados y construidos, por lo que el diseñador debe compensar la precisión con un tamaño de archivo manejable para producir un archivo STL válido. Ya que el formato .stl es universal este proceso es idéntico para todas las técnicas de construcción mediante RP.

En el tercer paso, un programa de preprocesado prepara el archivo STL para ser construido. Esto se puede realizar mediante varios

APLICACIONES DEL RAPID PROTOTYPING

El *rapid prototyping* es muy utilizado en las industrias del automóvil, aeroespacial, médica y de productos de consumo. Y no olvidemos que los arquitectos también están comenzando a formar parte de este sistema. Aunque las aplicaciones posibles no tienen límite virtual, casi todas pertenecen a una de estas categorías: *prototyping*, *rapid tooling*, o *rapid manufacturing*.

PROTOTYPING

Como su nombre sugiere, la aplicación primaria del *rapid prototyping* es la fabricación de prototipos para propósitos de comunicación y prueba. Los prototipos aumentan de una manera muy efectiva la capacidad de comunicación ya que la

programas, y la mayoría permiten al usuario ajustar el tamaño, posición, y orientación del modelo. Este software corta el modelo STL en un número de capas de un grosor variable entre 0.001 mm. y 0.7 mm. dependiendo de la técnica de construcción. El programa debe generar también una estructura auxiliar para soportar el modelo en el proceso de fabricación. Los soportes son útiles para estructuras delicadas como salientes, cavidades interiores y secciones de grosor muy fino. Cada fabricante de máquinas de RP proporciona su propio software de preprocesado.

El cuarto paso es la construcción real de la pieza. Las máquinas de RP hacen cada capa de una vez a partir de polímeros, papel, o metal en polvo, y la mayoría de estas máquinas son prácticamente autónomas, no necesitando apenas ayuda humana. El último paso es el posprocesado. Esto consiste en sacar el prototipo de la máquina y quitar todos los soportes. Algunos materiales fotosensibles necesitan curarse previa manipulación. Los prototipos también requieren una mínima limpieza y el tratamiento de su superficie. Tratar, sellar y/o pintar el modelo mejoran su apariencia y durabilidad.

MEDIANTE EL INTERCAMBIO DE PROTOTIPOS EN LAS PRIMERAS FASES DE DISEÑO, SE PUEDE COMENZAR CON EL UTILLAJE NECESARIO PARA FABRICACIÓN MIENTRAS EL DEPARTAMENTO DE ARTE COMIENZA A PLANEAR EL DISEÑO DEL EMPAQUETADO, TODO ESTO ANTES DE QUE EL PRODUCTO ESTE TERMINADO.

mayoría de las personas, incluyendo ingenieros, entienden mejor los objetos tridimensionales que los dibujos bidimensionales. La capacidad de entender mejor conlleva un ahorro substancial en tiempo y costes. Mediante el intercambio de prototipos en las primeras fases de diseño, se puede comenzar con el utillaje necesario para fabricación mientras el departamento de arte comienza a planear el diseño del empaquetado, todo esto antes de que el producto este terminado.

Los prototipos son también muy útiles para probar un diseño, para ver si funciona como estaba previsto o necesita alguna mejora. Los ingenieros siempre han probado sus prototipos, pero RP amplia sus posibilidades. Ahora es muy sencillo hacer sucesivos ensayos: construir un prototipo, probarlo, rediseñarlo, construir y probar, etc. Esta aproximación sería demasiado lenta utilizando técnicas de fabricación de prototipos tradicionales, pero es sencilla usando RP.

RAPID TOOLING

Una ya anticipada aplicación del *rapid prototyping* es el *rapid tooling*, la fabricación automática de utillaje con la calidad necesaria para el proceso de fabricación. Debido a la gran precisión requerida, y normalmente limitando a los arquitectos al uso de componentes estándard. Estos utillajes normalmente tienen geometrías muy complejas, y deben tener una tolerancia cerca de una centésima de milímetro. Para cumplir estos requisitos, los moldes y dados son tradicionalmente fabricados mediante CNC, máquinas de descarga, o a mano. Todos ellos son caros y muy lentos, motivo por lo que los fabricantes quieren incorporar las técnicas del RP para acelerar el proceso.

LOS PROTOTIPOS SON TAMBIÉN MUY ÚTILES PARA PROBAR UN DISEÑO, PARA VER SI FUNCIONA COMO ESTABA PREVISTO O NECESITA ALGUNA MEJORA. LOS INGENIEROS SIEMPRE HAN PROBADO SUS PROTOTIPOS, PERO RP AMPLIA SUS POSIBILIDADES.

DESARROLLOS FUTUROS

El *rapid prototyping* está comenzando a cambiar la manera en la que los diseñadores piensan y construyen. En el horizonte, ya se pueden ver varios desarrollos que ayudarán a revolucionar el proceso de fabricación tal y como lo conocemos.

Uno de estos avances es la mayor velocidad. Las máquinas de *"rapid"* prototyping todavía son algo lentas según algunos

RAPID MANUFACTURING

Una extensión natural del RP es el *rapid manufacturing* [RM], la fabricación automática de productos directamente desde datos CAD. En estos momentos sólo unos pocos productos están producidos por máquinas de RP, pero su número aumentará cuando aumente la disponibilidad de metales y de otros materiales. RM nunca reemplazará a otras técnicas de fabricación, especialmente en producciones grandes donde la producción en serie es más económica. Para tiradas pequeñas, sin embargo, RM es mucho más económico ya que no requiere utillajes. RM es también ideal para producir piezas fabricadas a medida según las especificaciones exactas del cliente.

El otro campo donde se hace uso del RM es en aquellos productos que no se pueden fabricar mediante un proceso sustractivo [*machining*, *grinding*] o compresivo [forjado, etc.] Esto incluye objetos con características complejas, vacíos interiores, y estructuras de capas.

estandards. Mediante el uso de ordenadores más rápidos, sistemas de control más complejos, y materiales mejorados, los fabricantes de RP están reduciendo considerablemente el tiempo de producción.

Otro desarrollo futuro es la mejora de la precisión y del acabado de la superficie. Mejoras en las ópticas de los láser y en el control del motor, mejorarán la precisión en cada una de las tres direcciones. Además, las compañías de RP están desarrollando nuevos polímeros que se comportarán de mejor manera al alabeo inducido por el curado y la temperatura.

La introducción de materiales no polímeros, incluyendo metales, cerámicas y composites, representa otro avance ya anticipado. Estos materiales permitirán a los usuarios de RP producir piezas funcionales.

Otro desarrollo importante es el aumento de la capacidad de producir objetos de mayor tamaño. Por el momento la mayoría de las máquinas de RP están limitadas a objetos de 0.125 metros cúbicos o menos. Piezas de mayor tamaño se deben fabricar en diferentes secciones y luego unirlas a mano, para remediar esta situación, ya se está trabajando en varias técnicas de "*large prototyping*".

Otra aplicación futura es la fabricación a distancia según demanda, una combinación de RP e Internet que permitirá a los diseñadores enviar desde cualquier lugar sus diseños para una fabricación inmediata.

Por último, el auge del *rapid prototyping* ha estimulado también el progreso en los métodos tradicionales de substracción. Avances en el planteamiento automatizado de la trayectoria, el control numérico, y en la dinámica de la máquina están aumentando la velocidad y la precisión del proceso. Las máquinas actuales de CNC pueden llegar a velocidades de vuelta del huso de 100,000 RPM, lo que corresponde a registros muy elevados. Estos registros de substracción de material tan elevados, se traducen en tiempos de construcción muy pequeños. Para ciertas aplicaciones, y en particular para los metales, *machining* continuará siendo un proceso de fabricación muy útil.

PETER HILTON, "Making the Leap to Rapid Tool Making," *Mechanical Engineering.*Julio 1995: 75.
MATTHEW WIECKOWSKI, "Alternative Helmet Design," Rehabilitation Robotics Research Program. 10/25/96.
http://www.asel.udel.edu/rapid/helmet/ (Consultado 4/21/98).
"Stratasys Announces New High Speed 'FDM Quantum' Rapid Prototyping System," Stratasys *PRESS RELEASE*. 1/26/98.
http://ltk.hut.fi/archives/rp-ml/0212.html (Consultado 4/21/98).
"CyberCut: A Network Manufacturing Service" *http://CyberCut.berkeley.edu/* (Consultado 4/27/98).
GLENN HARTWIG, "Rapid 3D Modelers," *DE*. Marzo 1997: 38-39.

Rapid prototyping no va a convertir el trabajo a máquina en algo obsoleto, sino que va a complementarlo.

STEVEN ASHLEY, "Rapid Prototyping is Coming of Age," *Mechanical Engineering*. Julio 1995: 63. 64.
PAMELA J. WATERMAN, "Rapid Prototyping," *DE*. Marzo 1997: 30.
MICHELLE GRIFFITH and *JOHN S. LAMANCUSA*, "Rapid Prototyping Technologies," *Rapid Prototyping*. 1998.
http://www.me.psu.edu/lamancusa/me415/rpintro2.pdf [Consultado 4/20/98).
GENE BYLINSKY, "Industry's Amazing New Instant Prototypes," Fortune Features. Enero 1998.
http://www.pathfinder.com/fortune/1998/980112/imt.html (Consultado 3/29/98).
RAY LANGDON, "A Decade of Rapid Prototyping," *Automotive Engineer.* Mayo 1997: 44-45.

DIGITAL FABRICATION / CAD-CAM PROGRAMATION
DIGITAL ARCHITECTURAL FABRICATION AT BCN SPEED AND FRICTION

Talking about digital architecture leads us to the discussion of digital production and the problems which arise when executing a digital design in real life. Society has mythified the quickness and fluidity with which architectural designs can be constructed with the aid of computers. Likewise, society has also exaggerated the difficulties in constructing those designs in real life. Construction using CNC technology [Computer Numerically Controlled] machines should be fluid and should also be the most logical way to construct the complicated surfaces which characterize digital architecture.

In architecture, digital fabrication refers to production processes and forms developed by computers. Therefore, digital fabrication in architecture is based on a completely digital model. This leads us to into the industry and workshop world, where we the architects physically construct those complex surfaces provided by digital models.

FOLLOWING THE TECHNOLOGY OF PROGRAMATION

Nowadays, the technology of industrial production, based on the aeronautical, automotive and die/injection moulding industries, develops everything using CAD/CAM programation. Presently there are two kinds of programation in CNC machines: direct programation and CAD/CAM programation. Direct programation consist of codes and orders that indicate to the machine which trajectory to follow in order to execute the mechanization. It is used for simple operations, generally for 2D geometries. CAD/CAM programation is used for more complicated geometries and pieces defined as 3d models. It is a graphic programation because the programer does not need to know the codes used to direct the machine. It is also a more intuitive programation because the pieces are represented graphically for the programer.

CAD/CAM programation leads to the creation of the role of programer in a mechanization workshop, and involves the appearance of the **ARCHITECT PROGRAMER**; the designer, programer, and constructor for the digital age. Before this, the machine was managed by two very different persons: the programer and the operator. Today this difference no longer exists and programation is nearer to the operator in the same way that the machine is closer to the programer. Therefore one sole person carries out the work in a control numeric machine and brings the **ARCHITECT PROGRAMER** closer to the machine.

TALKING TO THE MILLING MACHINE

ORDER COMMUNICATION TO THE MACHINE
The program instructions are the detailed step-by-step directions which tell the machine what to do. They are coded [G-code] in numerical or symbolic form on an input medium that can be interpreted by the controller unit.

Even though the manufacturing programs go directly from the computer to the machine, it is important to give the machine all necessary input information so it can mechanize the pieces. This information can be categorized into 2 groups:

CAD INFORMATION
This is the information related to the piece to be mechanized, which the computer program interprets as a contouring or a final 3D model. Likewise, it is necessary to indicate the surface-related data, for example the dimensions of the piece and of the tools [the two interacting elements on the work table].

TECHNICAL INFORMATION
The technical information refers to all decisions and actions one must follow in order to mechanize the piece:

MECHANIZATION PHASE. A mechanization phase is a group of operations carried out both in the piece and in the machine. Therefore, a correct choice of the mechanization phases will depend on the definition of the pathway of the piece, initial and final cutting, the order [size and form of the piece], the number of times the pieces are cut and in which position, the number of operations carried out at every point, the position of the piece where it will be made, and the coordinates of the trajectory that the tool has to follow.

CUTTING CONDITIONS. This includes the cutting speed, its potency, the lateral speed through the material, the work volume, the reference points, and the depth of the cutting, whether there be single or numerous cuts.

The *TYPE OF MATERIAL* to be mechanized.

SIMULATION AND/OR REFINEMENT. It is necessary to verify that the data sent to the machine is executed correctly. Therefore, before fabricating the piece, it is necessary to do a virtual simulation or to do a test with a very soft material or with no material at all.

When we made the CAD/ CAM program we tried to make the cutting conditions of the tools as constant as possible, especially when mechanizing hard materials [in our case, the material was in our favour because we used a soft, easy-to-cut wood conglomerate]. Not respecting constant cutting conditions reduces the lifetime of the tool and leads to premature wear and tear and poor results in the final piece. Furthermore, the objective is to leave the machine working automatically without anyone controlling it all the time even though, in most cases, this leads to larger programs and longer mechanization times.

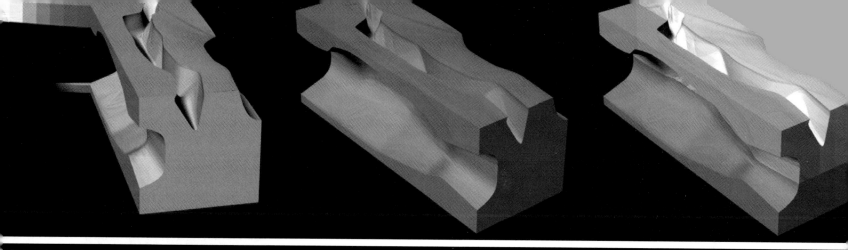

3-AXYZ MILLING MACHINE CONSTRAINTS

MILLING MACHINE CHARACTERISTICS: The milling machine is a 3 axes Numeric Control Machine. This machine works both with direct and CAD/ CAM programing for the function and control of the movements between its 3 unique and primary x, y, and z axes.

Although it is no longer complicated to produce complex surfaces, some physical limitations can be caused by the 3-axyz Milling Machine with which we work. Great advances and studies have been made in mechanizing using the 3axis CNC [Computer Numerical Control]. This machine, however, does not have the capacity to mechanize some shapes with complex and dramatic changes. It is even more difficult to develop very complicated surfaces into one whole piece with large dimensions. This implies that we have to use other strategies to mechanize these pieces, which generally leads to longer working times.
In order to produce one whole piece with large dimensions and to resolve the dramatic changes in complex surfaces at high speeds, machines with 3 ½ to 6 or more axes are ideal because they allow the Z axis to be programed and orientated in local areas.

TOOL DIMENSIONS: Although the contouring system is very easy to manage, one must keep in mind the tools one wants to use. According to the shape and diameter of the tool and the material to be mechanized, the result can vary in minute dimensions.
In general, the tools are circular and it can be difficult to obtain right angles in the same contouring pathway. Depending on the compensation Input, the speed of mechanization, the material consistency [the softness or hardness], and the friction, millimetric dimensions of material may be lost.

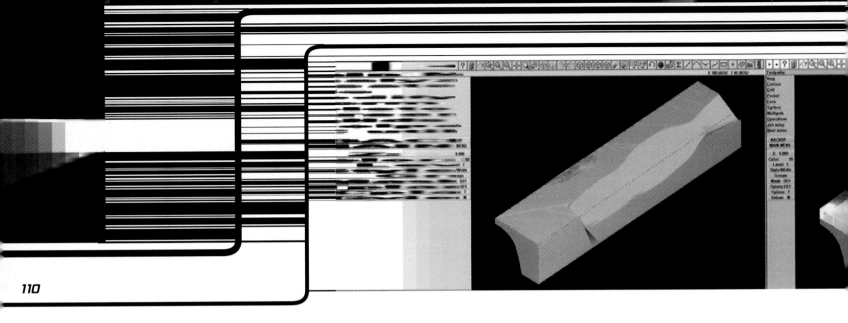

MODELS IN BCN SPEED AND FRICTION WORKSHOP

The strategy that we used to produce the models was the fastest option 2D mechanization, also known as contouring. It is the trajectory that follows the contouring of the geometric form, keeping a constant Z coordinate. It is the easiest to program because the machine only has to follow the patterns from the starting to the ending point *"flows"*, which are the definite contours [isoparametric lines] for the surfaces that made up our piece.

Another strategy that we applied was understanding that the pieces to be mechanized were a group of different areas and not one general area. The different pieces can have zones with totally different geometric characteristics. This was the case with the first model which had a very interesting surface but could not be developed as a 3D model due to the concavities that a 3 axes can not mechanize.

This type of model can be developed by a 3-axyz Milling Machine but leads to a process that requires much more working time. Many times we are presented with complex surfaces which contain very small concavities in which the Z axis cannot maneuver [this also depends on the scale of the model to be mechanized]. In the case of a very complex surface, we are forced to section the piece and to end the continuity of the surface. This also means that we have to treat each section independently when making the program and when mechanizing the piece.

PREPARING FILES

The model sectioning processes that we will execute through graphic CAD/ CAM programation are easy to do. However, nowadays there is a lot of 3D modeling software that includes section and contour options, with the intention of producing in CAM. Even though this type of software helps obtain files, it does lead to constraints because the steps to follow are often almost manual.

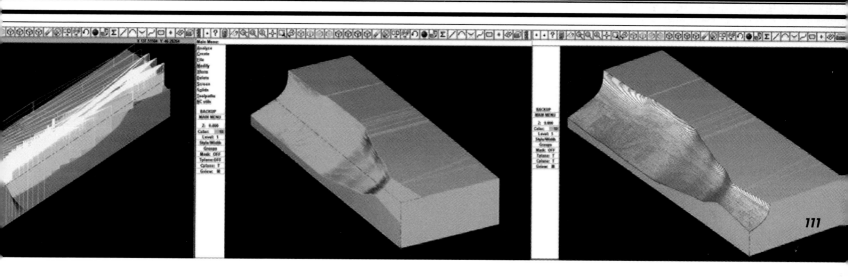

In order to optimize the work when following the CAD/ CAM graphic programation line, the best option is to make 3D models in specifically designed CAD/ CAM software from the very beginning; model, to prepare the saved pieces [for instance NC files] into readable format for the machine [G- Code], and to create a direct connection to the machine. These types of programs exist, but their design process is directed towards the field of engineering production. Therefore, the flexibility that characterizes digital architechture design can be minimized.

After sectioning the model one must prepare the files, which includes refining those files. In this case, the files were read graphically by the machine [Polylines], which understood these drawing entities as a route and the machine cut the contour in the same way that a 2D plotter would.

The refinement of each section is done in a separate file, converting the polylines into contours. Each piece is numbered [with the aim of being identified in the post-fabrication phase], and organized on the virtual work table [the size of the material to be used].

SECTIONING THE VIRTUAL MODELS

Framing the models in the contouring system left us with 2 options. The first was to section the model every 5 millimeters in order to produce one entire piece. The second option was to choose sections from the virtual model to serve as frames that support an exterior skin not made by the machine.

Why 5 millimeters of workshop material? When sectioning a model, we tried to follow the continuity of the surface as closely as possible. Depending on the thickness of the material, we could have jumps [bigger and smaller] between sections. We opted for this thickness

X 8837.76798 Y 7195.30708

Backplot:
Step
Run
Display
Show path   Y
Show tool   Y
Show hold   Y
MC8 name
Verify   Y

MC8 file   Y

BACKUP
MAIN MENU

Z: 0.000
Color: 10
Level: 1
Style/Width
Groups
Mask: OFF
Tplane:OFF
Cplane: T
Gview: T

BACKUP
MAIN MENU

Z: 0.000
Color: 10
Level: 1
Style/Width
Groups
Mask: OFF
Tplane:OFF
Cplane: T
Gview: T

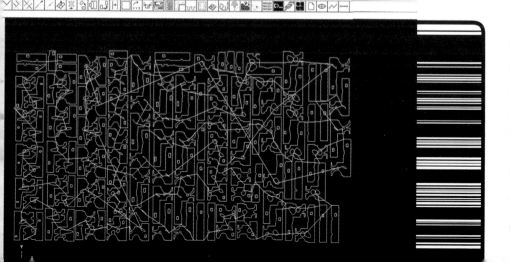

[5 millimeters] in order to obtain the best continuity. The machine executed every file in the same way that we sectioned and separated the model in the computer. One by one the pieces were read like Contours, with the total result of almost 120 pieces glued together in the post-fabrication phase, forming one sectioned block [only for the first model].

The second option is to choose some sections from the whole model and to use them as structural frames. This concept is closer to reality when refering to the use of control numeric machines as a field of construction. One of the main problems when producing some of these models was their radiality since a countour is a

2D drawing and has a constant Z value. Therefore, developing these kinds of models as one whole block could be very complicated. To section the model virtually following the last process is possible, but the first and the end section will never be 2D contours. This second option led to the best results.

In order to execute the Catalunya Circuit pieces, this system was the most basic within the contouring system. Because the model was really a 2D drawing, the process was simply to subdivide the drawing into 14 sectors. Next they were numbered, transformed into contours, organized in the virtual table workshop, and finally cut.

LEARNING DIGITAL FABRICATION FROM THE VERY BEGINNING

Control numeric machines are the best way to transfer digital models into the real world. To enter into the role of architect-programer is to open a new door into the world of digital architecture and production. The challenge of today's architect is the construction of a complete building in real scale. Fortunately, we are very close to developing and consolidating this trade using this system of digital production.

Imparting this knowledge to young students from the very beginning is the best way to assert digital fabrication, which replaces the traditional methods of construction in architechture. It is becoming more and more accesible and is no longer used exclusively by famous architects. This will become more prominent as CNC technology advances more rapidly and leads to the resolution of increasingly complex surfaces.

NATALIA BOTERO

FABRICACIÓN DIGITAL/ PROGRAMACIÓN CAD-CAM

FABRICACIÒN DE ARQUITECTURA DIGITAL EN BCN SPEED AND FRICTION

Hablar de arquitectura digital implica hablar de producción digital, y de los problemas que le atañen a la hora de trasladar un modelo al mundo real. La sociedad, ha mitificado la fluidez y rapidez con que se pueden desarrollar hoy en día estos diseños arquitectónicos a través del computador. Así como también ha exagerado sobre las dificultades que pueden generarse a la hora de construirlos. Siendo así de fluido y sencillo desarrollar formas complejas en arquitectura digital, igual de sencillo resulta el construirlas [producirlas] usando máquinas de control numérico, siendo esta la manera más lógica de construir complicadas superficies que caracterizan la arquitectura digital.

La fabricación en arquitectura digital se refiere a los procesos de producir formas hechas a través del computador. Por lo tanto está basada en modelos completamente digitales. Esta nueva forma de producción nos lleva a entrar en el mundo de la industria y del taller de producción, en donde nosotros como arquitectos construimos esas complejas superficies provenientes de modelos digitales.

SIGUIENDO LA TECNOLOGIA DE LA PROGRAMACIÓN

Hoy en día, la tecnología de la producción industrial, basada en *die/injection* usado en la producción aeronáutica y de automoción, desarrolla casi todo usando la programación CAD/CAM. Actualmente hay dos tipos de programación con máquinas de control numérico: Programación directa y programación CAD/CAM.

La programación directa, está basada en códigos u órdenes que indican a la máquina cual será la trayectoria a seguir para poder ejecutar el mecanizado. Es usada para operaciones simples, generalmente para geometrías 2D.

La programación CAD/CAM, es usada para geometrías más complicadas y piezas definidas como modelos 3D. Es una programación gráfica ya que el programador no necesita conocer los códigos que dirigen la máquina. Es además una programación muy intuitiva, ya que las piezas y los procesos de mecanizado son representados de manera gráfica al usuario.

La programación CAD/CAM, nos lleva a la figura del programador en el taller de mecanizado. Implica esto la aparición de la figura del **ARQUITECTO PROGRAMADOR**; el diseñador, programador, y constructor en la era digital. Antes, la máquina era manipulada por dos personas con actividades muy diferenciadas: El programador y el operador. Hoy esta diferencia no existe más, la programación está mucho más cerca del operador y viceversa. Como consecuencia es una sola persona la que lleva el trabajo CAD/CAM, acercando de esta misma manera el arquitecto programador a la máquina.

HABLANDO CON LA MILLING MACHINE.
COMUNICACIÓN DE ÓRDENES.
PROGRAMA DE INSTRUCCIONES PARA LA MÁQUINA.

El programa de instrucciones consiste en la Información detallada, paso a paso, que le indica a la máquina que es lo que debe hacer. Las instrucciones son codificadas [G-code] de forma simbólica y numérica, en una media de información de entrada [Input] que debe ser interpretada por la unidad de control.

Aunque el programa de mecanizado va directamente del computador a la máquina, es muy importante indicarle a esta toda la información necesaria para poder mecanizar las piezas. Esta información puede ser categorizada en 2 grupos:

INFORMACIÓN CAD

Esta es la información relacionada con las piezas que se van a mecanizar, las cuales serán interpretadas por el programa como contornos ó modelo en 3D. De la misma manera es necesario indicar todos los datos relacionados al modelo, por ejemplo, las dimensiones y características [la interacción de los 2 elementos en la mesa de trabajo].

LA **SOCIEDAD** HA MITIFICADO LA **FLUIDEZ** Y **RAPIDEZ** CON QUE SE PUEDEN **DESARROLLAR** HOY EN DÍA ESTOS DISEÑOS ARQUITECTÓNICOS **A TRAVÉS DEL COMPUTADOR**. ASÍ COMO TAMBIÉN HA **EXAGERADO** SOBRE LAS **DIFICULTADES** QUE PUEDEN GENERARSE A LA HORA DE **CONSTRUIRLOS**.

INFORMACIÓN TÉCNICA

La información técnica se refiere a todas las acciones y decisiones que se deben tener en cuenta a la hora de mecanizar la pieza:

LA MILLING MACHINE ES UNA MÁQUINA DE CONTROL NUMERICO DE 3 EJES. ESTA MÁQUINA TRABAJA TANTO LA PROGRAMACIÓN DIRECTA COMO LA PROGRAMACIÓN CAD/CAM, DESARROLLANDO EL CONTROL DE LOS MOVIMIENTOS DE SUS ÚNICOS EJES PRIMARIOS, X Y Z. OTRA GRAN LIMITACIÓN ES LA ALTURA MÁXIMA DE TRABAJO, YA QUE ESTÁ ALREDEDOR DE LOS 35 CM.

FASE DE MECANIZADO: La fase de mecanizado, es un grupo de operaciones que se deben seguir tanto para la pieza como para la máquina. De una correcta elección de la fase de mecanizado dependerá la definición de la ruta a seguir sobre la pieza [punto de inicio y punto final de cortado], la orden [tamaño y forma de la pieza], la cantidad de veces que la pieza será cortada y en que posición, él numero de operaciones que se deben desarrollar en cada punto, la posición de la pieza en donde será cortada, y las coordenadas de la trayectoria que la herramienta [fresa, etc.] debe seguir.

CONDICIONES DE CORTE: Estas incluyen la velocidad de corte, la potencia, la velocidad de avance a través del material, la cantidad de material a cortar, los puntos de referencia, la profundidad de corte, si debe ser una sola pasada de corte o numerosas pasadas.

El *TIPO DE MATERIAL* a Mecanizar.

SIMULACIÓN: Es necesario verificar que los datos que se enviarán a la máquina se ejecutarán correctamente. Por lo tanto antes de fabricar la pieza, es necesario hacer una simulación virtual o una prueba al vacío, ya sea con un material muy suave o realizarla sin ningún material.

Cuando hicimos el programa de CAD/CAM tratamos de que las condiciones de corte fuesen lo más constantes posibles, especialmente cuando mecanizamos materiales duros [en nuestro caso, el material estaba a nuestro favor, ya que usamos un conglomerado de madera suave y fácil de cortar]. El no respetar la constancia en las condiciones de corte reduce el tiempo de vida de la herramienta y nos lleva a rupturas prematuras, y a no muy buenos resultados en la pieza final. Además, el objetivo es dejar que la máquina trabaje automáticamente sin que nadie la esté controlando, aunque en muchos casos esto nos pueda llevar a largos programas de mecanizado y mucho más tiempo de trabajo.

RESTRICCIONES DE LA 3-AXYZ MILLING MACHINE

CARACTERÍSTICAS DE LA MILLING MACHINE: La *milling machine* es una máquina de control numérico de 3 ejes. Esta máquina trabaja tanto la programación directa como la programaciòn CAD/ CAM, desarrollando el control de los movimientos de sus únicos ejes primarios, X Y Z. Otra gran limitación es la altura máxima de trabajo, ya que está alrededor de los 35 cm. [características de la máquina que usamos en el Workshop]

Aunque se han hecho grandes avances y estudios en el mecanizado con 3-axyz CNC [Computer Numerical Control], las limitaciones de esta *milling machine* complican mucho más el trabajo para producir superficies complejas. Esta máquina sin embargo no tiene la capacidad de mecanizar esta tipología de superficies que se caracterizan por cambios muy dramáticos en su topología. Es aún mucho más complicado el intentar desarrollarlas como una única pieza con grandes dimensiones. Esto implica el tener que usar otra estrategia para mecanizar este tipo de superficies, lo cual generalmente nos lleva a muchas más horas de trabajo.

OTRA ESTRATEGIA QUE APLICAMOS, FUE LA DE ENTENDER QUE LAS PIEZAS A MECANIZAR ERAN GRUPOS DE ÁREAS Y FORMAS MUY DIFERENTES, NO UNA ÚNICA ÁREA GENERAL. CADA PIEZA PODÍA TENER ZONAS CON CARACTERÍSTICAS GEOMÉTRICAS TOTALMENTE DIFERENTES.

Para producir una única pieza con grandes dimensiones y resolver estos cambios dramáticos en dichas superficies, son ideales máquinas de 3 ½, 6 ó más ejes, ya que estas permiten programar y orientar el eje Z a áreas locales [orientar el eje Z es algo que la 3-axyz no puede hacer].

DIMENSIONES DE FRESAS: Aunque el sistema de Contornos es el más fácil de llevar a cabo, se debe tener en cuenta la herramienta que queremos y debemos usar. Considerando, la forma, diámetro de la herramienta y el material a mecanizar, el resultado puede cambiar en cuestión de minutos.

Por lo general las fresas son circulares y es muy difícil lograr ángulos rectos en una única ruta de un contorno, esto nos lleva a fraccionar la ruta resultando así mucho más tiempo de trabajo. Dependiendo de la compensación dada [ruta exterior o interior de corte], La *velocidad* de mecanizado, la consistencia del material [dureza o suavidad], y la *fricción*, [entre el material y la fresa] pueden perderse cantidades milimétricas de material.

MODELOS EN BCN SPEED AND FRICTION

La estrategia que usamos para producir los modelos fue la opción más facil, la mecanización en 2D, más conocida como mecanización de contornos. La trayectoria sigue el contorno de la geometría manteniendo el eje Z constante. Es muy fácil

programarlo ya que la máquina sólo tiene que seguir los patrones de punto de inicio y punto final "*flujos*", los cuales son definidos por el contorno [lineas isoparamétricas] de la pieza a mecanizar.

Otra estrategia que aplicamos fue la de entender que las piezas a mecanizar eran grupos de áreas y formas muy diferentes, no una única área general. Cada pieza podía tener zonas con características geométricas totalmente diferentes. Este fue el caso del primer modelo, el cual tenía una superficie muy interesante, pero la cual no se podía desarrollar como modelo 3D en la 3-axyz *milling machine* debido a las concavidades que presentaba este mismo.

Esta tipología de modelos se puede desarrollar en la 3-axyz *milling machine*, pero esto nos lleva a un proceso que requiere mucho más tiempo de trabajo. En muchos de los casos nos encontramos con superficies demasiado complejas las cuales tenían concavidades muy pequeñas, en las que el eje Z no podía maniobrar [esto además depende de la escala del modelo a mecanizar, ya que a mayor escala las concavidades son mayores]. En el caso de una superficie muy compleja, nos vimos forzados a seccionarla rompiendo así su continuidad como única pieza. Esto además significa que debíamos tratar cada pieza como una sección independiente [superficie] cuando hicimos el programa y mecanizado de estas.

PREPARANDO ARCHIVOS

El proceso de seccionado del modelo, que fue desarrollado gráficamente a través de una programación CAD/CAM fue fácil de hacer. Sin embargo hoy en día hay muchos *softwares* de modelado 3D que incluyen opciones de seccionado y contorneado para modelos tridimensionales, esto claramente con la intención de ser llevados a una producción CAM. Algunas veces estos tipos de programas nos ayudan a obtener estos archivos, pero no son lo suficientemente eficientes ya que conllevan a restricciones en los pasos posteriores, y que muchas veces el trabajo termina siendo casi manual.

Para optimización del trabajo, la mejor opción es hacer desde un inicio los modelos o piezas directamente en un *software* CAD/CAM

IMPARTIR ESTOS CONOCIMIENTOS A LOS JÓVENES ESTUDIANTES ES EN LO MEJOR DE LO POSIBLE UNA CERTEZA QUE AFIRMA LA PRODUCCIÓN DIGITAL, COMO REMPLAZO A LOS TRADICIONALES MÉTODOS DE CONSTRUCCIÓN EN ARQUITECTURA. NO ES EXCLUSIVIDAD DE FAMOSOS ARQUITECTOS, ES UNA REALIDAD QUE CADA VEZ SE VA ACRECENTANDO.

[diseñado específicamente para esta función], ya que la programación y producción [preparar y salvar las piezas en un formato: G-code, que pueda ser leído por la máquina, ej; archivos NC y crear una conexión directa con la máquina] será mucho más rápida. Este tipo de programas son muy comunes en la producción Industrial, pero su proceso de diseño está enfocado hacia este campo. Por lo tanto la fluidez y flexibilidad que caracterizan a la Arquitectura Digital pueden ser minimizadas.

Después del seccionado del modelo se prepararon los archivos, lo cual incluía el refinamiento o limpieza de estos mismos. En este caso, los archivos fueron leídos gráficamente por la máquina como polilíneas; las cuales fueron entendidas como una ruta; la máquina cortó los contornos de la misma forma que lo hubiese hecho una impresora 2D.

El refinamiento de cada sección es hecho en un archivo separado, convirtiendo así las polilíneas en contornos. Cada pieza fue numerada [con la intención de ser identificada durante la fase de post-fabricación], y organizada en la mesa virtual de trabajo [corresponde a las dimensiones globales del material a usar].

SECCIONANDO LOS MODELOS VIRTUALES

Enmarcar los modelos en el sistema de contornos nos llevó a dos soluciones. La primera era seccionar el modelo cada 5 milímetros para poder producirlo como una sola pieza. La segunda fue escoger secciones del modelo virtual, que más adelante funcionasen como arcos que soportasen una piel exterior, no hecha por la máquina [usar otro material].

¿Por qué 5 milímetros? Cuando seccionamos el modelo, tratamos de seguir la continuidad de las superficies lo mejor posible. Dependiendo del grosor del material podríamos tener unas especies de escalones [grandes y pequeños] entre una sección y otra. Por lo tanto este grosor del material conglomerado sería la mejor opción para obtener una continuidad en la superficie.

La máquina ejecutó cada archivo de la misma manera en que fueron seccionados y separados en el modelo digital. Una por una las piezas fueron leídas como contornos, con un resultado total de casi 120 piezas que fueron encoladas en la fase de post-fabricación. Formando así un único modelo que aunque seccionado podía conservar la apariencia exterior [solo para el primer grupo].

La segunda opción fue la de mecanizar sólo algunas secciones de un modelo digital. Este concepto está mucho más cercano a la realidad cuando nos referimos a máquinas de control numérico en el campo de la construcción. Uno de los principales problemas cuando nos enfrentamos a estos modelos era su radialidad [refiriéndonos a la forma radial del modelo], teniendo en cuenta que un contorno tiene la característica de ser un elemento en 2D y con Z constante, no nos permitiría poder desarrollarlos como una única pieza. Seccionar el modelo virtualmente siguiendo los anteriores pasos sería muy fácil de hacer. Pero al intentar seccionarlos radialmente nunca se llegarían a conseguir contornos 2D. Por lo tanto decidimos sólo escoger unas secciones del modelo general.

Para la realización de las piezas del Circuito de Catalunya, el sistema fue el más simple dentro del sistema de contornos. Ya que el modelo en realidad era un dibujo en 2D. Por lo tanto el proceso sólo fue el de subdividir los 14 sectores, enumerarlos, transformarlos en contornos, organizarlos en la mesa virtual de trabajo y finalmente mecanizarlos.

APRENDIENDO FABRICACIÒN DIGITAL DESDE UN INICIO

Las máquinas de control numérico son la mejor opción para trasladar los diseños digitales a un medio real. Entrar en "le role" del arquitecto programador, abre una nueva puerta dentro de lo que es el mundo de la arquitectura digital, y en la forma de poder construir un edificio por completo a escala real con estos nuevos sistemas de producción.

Impartir estos conocimientos a los jóvenes estudiantes es en lo mejor de lo posible una certeza que afirma la producción digital, como reemplazo a los tradicionales métodos de construcción en arquitectura. No es exclusividad de famosos arquitectos, es una realidad que cada vez se va acrecentando. Y más aún cuando el avance en materia tecnológica [refiriéndonos al CNC] va a pasos agigantados, desarrollando y mejorando en la medida de poder solucionar los cambios dramáticos en complejas superficies.

GIJS JOOSEN

A FREE FORM 3D MODELING TUTORIAL IN 3D MAX/VIZ.

IT´S ALL ABOUT CONTROL

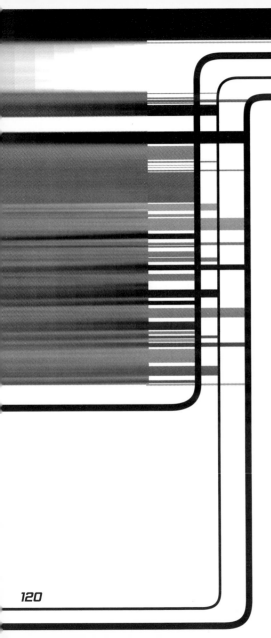

A few minutes ago Ferrari took a dominant one-two at the first Bahrain Grand Prix in a dusty desert circuit. At this rate Schumacher and the Scuderia Ferrari are clearly on their way to another World Championship in Formula One.

But it has not always been this "easy" for Ferrari - let's make a quick analysis of what it takes to become a World Champion in Formula One.

The concept of racing is very simple, you take two or more cars, a track and the first driver that completes a certain distance first can call himself the winner. To compete in Formula One you need two things: a driver and a car.

The driver needs talent and a descent knowledge of the theory behind driving. For this I would like to refer to the another chapter in this book, "Introduction To Driving Techniques" by Christian Babler Font.

But without the proper tool of getting the driver around the track, that theory is useless. So for now, let us focus on the car. The car is subject to some restrictions, parameters that apply for all the teams that want to take part in Grand Prix races.

When Michael Schumacher and Ferrari teamed up back in 1996, Ferrari provided Schumacher with a car that, developed the base that made them almost untouchable for the last four years.

This championship is based on a real team effort. When Schumacher has to face the competition in a Nissan Micra he simply does not stand a chance. The same goes when you take just any person from the street and put him in the Ferrari F2004 Formula One car. To win races the car and the driver have to become one, the car becomes an extension of its driver, a tool that enables him to set the fastest lap-time, a tool that enables him to corner faster than the competition, a tool that

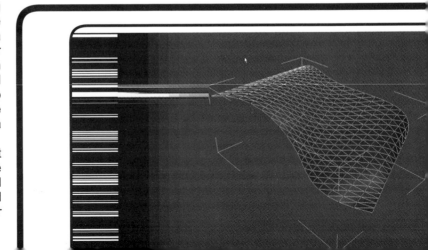

when used properly enables him to be the first to see the checkered flag. It's all about control.

The key factor in this is control.

A very common way to use 3d modeling in architecture is taking a floor plan and making that into a building by extrusion. This tutorial gives you a totally different approach in 3d modeling and a basic introduction in parametric design. First I want to explain a different view on a computer model to be a way of storing information instead of being just a tool for visualization. After some basic explanation on the way a computer stores its data in a model, I want to give you an example on free form modeling in architecture, geometry is our racetrack and to be a champion, or at least a proper driver, we need to be in total control of the tools we use. Taking control of your design is only possible if you are able to use the tools properly.

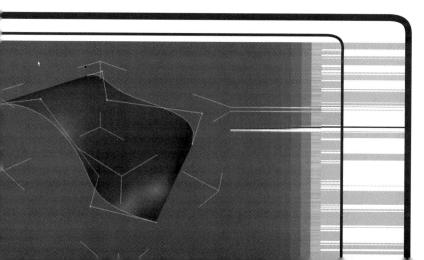

NURBS AND MESHES

To take control of your design in 3d modeling software the first thing you need is some basic knowledge on the way a computer converts your design into geometrical information.

Not every application does that in the same way. There is solid modeling, NURBS modeling and mesh modeling to name just a few. Every type of modeling has its own advantages and disadvantages. There is no single solution, you have to find the type of modeling that best suits your needs for each design, concept or part.

Before we start a small tutorial on free form modeling I want to take a closer look on the technology behind NURBS and meshes. These two techniques form the base of this tutorial.

MESHES: A mesh is the most conventional way to describe a 3d computer model.

The geometry consists of a cloud of points, called vertices, and between those points you find triangles, called faces. Your model is represented by a number of small triangular surfaces. Meshes do not contain any higher "intelligent" level of control.

NURBS, Non-Uniform Rational B-Splines, are mathematical representations of geometry that can accurately describe any shape from a simple line or curve to the most complex free-form surface or solid.

For more information I would like to point to the website of Rhinoceros, a well known NURBS modeling application. [http://www.rhino3d.com/nurbs.htm]

Unlike meshes, NURBS are a representation of the geometry, whereas meshes are the geometry itself. This gives a NURBS model a great advantage over a mesh model. When defining a shape using NURBS you are not making a static model, but creating a shape that is defined by a number of different parameters. Your design is a result of all the data stored in those parameters. This provides a form of flexibility that is necessary in a first [sketching] stage of a design.

NURBS TO STORE DATA

A workshop like this deserves a different approach to architectural modeling. This requires a different approach on a three dimensional model than just a way to visualize your ideas and your final design.

I would like to propose a computer model as a collection of data. This model contains information on the shape [geometrical data], information on the construction [structural data], properties of the used materials etc. Your model is a prototype of the final design that consists of all the different parameters and their values. During the designing process you define and edit those parameters. Any information that needs to be communicated with other parties is derived from this prototype. When your prototype is finished, the only thing that is left is to make a copy of it on the actual site.

This parametric approach enables the architect to take full control over the design. Even when the design enters the stage of building and completion. By programming the different parameters instead of drawing lines and shapes, the prototype provides the architect with a fully scalable situation up until completion.

I would like to take a small part of this process of prototyping and explain a way to make a scalable model using NURBS. It will cover the part of storing geometrical data by creating a simple shape.

We start with creating four NURBS curves. From the CREATE menu select SHAPE > NURBS CURVES. Create a CV Curve by defining 6 points in space. These points can be located on a plane, but they can also be 6 points in a 3 dimensional space.

This first step creates a parametric model. The shape of the curve is defined by the control vertices. These control vertices define the way that the curve behaves.

Since we are not just creating curves we have to turn this shape into something more solid. An object that defines a space. We do this by

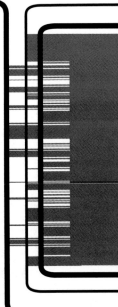

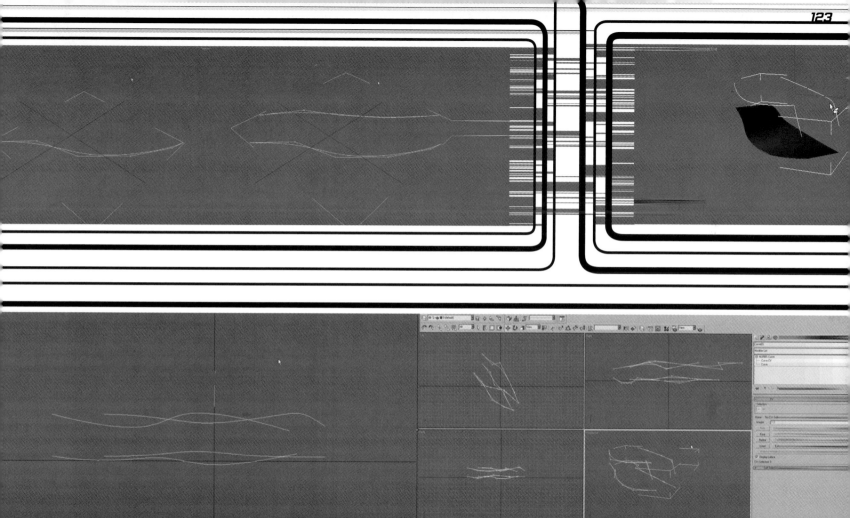

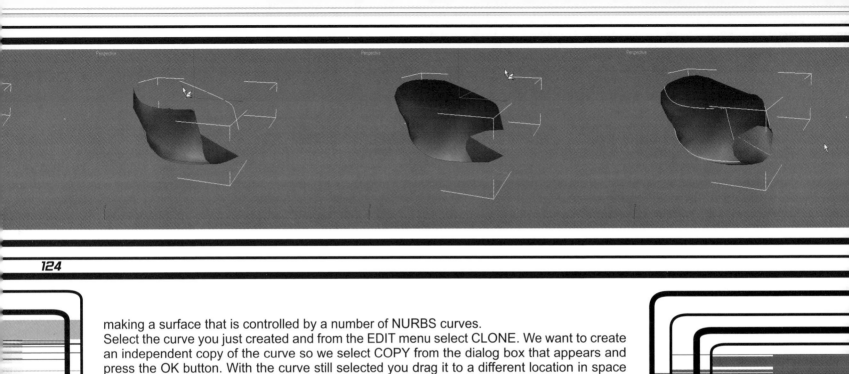

making a surface that is controlled by a number of NURBS curves.

Select the curve you just created and from the EDIT menu select CLONE. We want to create an independent copy of the curve so we select COPY from the dialog box that appears and press the OK button. With the curve still selected you drag it to a different location in space and repeat this step until we have four curves. Alter the way the curve behaves by moving the control vertices around. To do this, select the curve, go to the MODIFY menu, press the small PLUS icon and from the object stack select CURVE CV.

These curves will control the surfaces we are going to make. First of all we join the single curves to be part of the same NURBS object. Select a curve and make sure it is not an instance of another curve [as we selected COPY from the CLONE menu we should have copies of our object and not instances]. Go to the MODIFY menu and from the GENERAL category select ATTACH and pick the other three curves.

With the three curves part of the same object we can define a surface that uses these curves as references. With the NURBS object still selected within the MODIFY menu we open the NURBS CREATION TOOLBOX. Select U-LOFT from the surfaces menu and pick the curves that you want to create surface with.

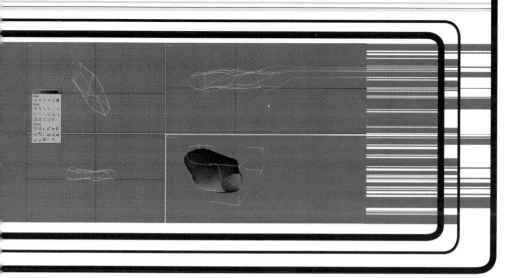

As you can see the shape is defined by creating a surface between the four curves. The surface is controlled by the curves, which are controlled by their CV's. We have just created a parametric surface, controlled by the values stored in the control vertices of the curves.

RETRIEVE INFORMATION

While creating the model we have fed our prototype with all sorts of data. Data that can also be used for retrieving information from our prototype.

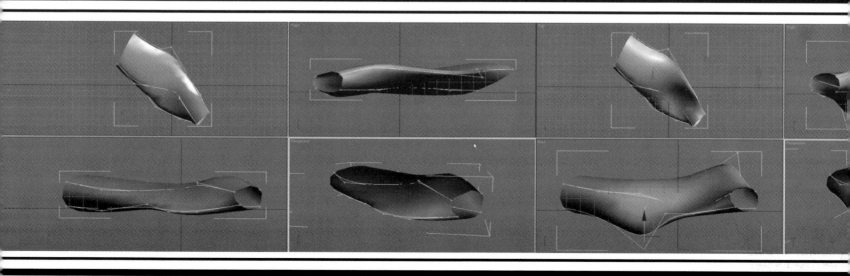

When we change a parameter by moving a control vertex or changing the colour of a used material, our prototype provides us with feedback that shows the results of this change immediately. This visual feedback helps the designer in evaluating important design decisions and gives insight in the spaces that he creates.

Since the information stored in our prototype consists of digital data, it can easily be converted to be used in other applications or used for communication between designer and producer. The geometrical data we just put into our prototype can also be used in creating a physical model on a CNC machine. We provide the machine with data that is derived from our model.

When we look at the design process as a constant interaction between the designer and the prototype the computer plays a key role in providing the designer with a tool to take control over data. This data describes every aspect of the prototype, from material to geometry, from construction to installations. After completing the prototype all that is left to do is to make a copy of it on the actual site.

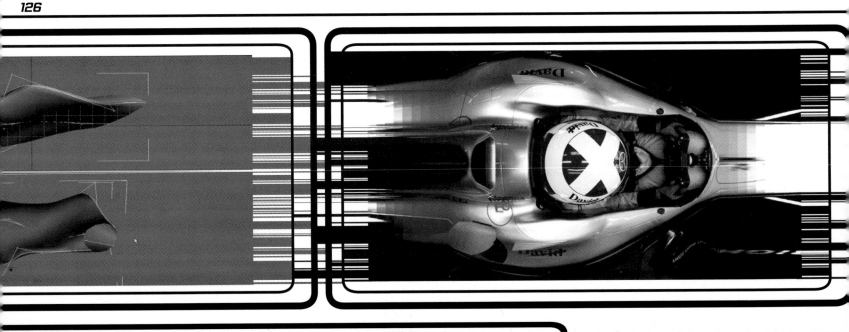

GIJS JOOSEN
EL CONTROL ES LA CLAVE

CLASE PARTICULAR SOBRE MODELADO 3D DE FORMAS LIBRES EN 3D MAX/VIZ

Hace apenas unos minutos, Ferrari logró un aplastante mano a mano en el primer Grand Prix de Bahrain, en un circuito desierto y polvoriento. A este ritmo, Schumacher y la escudería Ferrari van camino del campeonato mundial de Fórmula 1.

Pero para Ferrari no todo ha sido coser y cantar como en esta ocasión. Demos un vistazo rápido a las claves para convertirse en campeón mundial de Fórmula 1.

El concepto del automovilismo es muy sencillo: hacen falta dos o más coches, un circuito, y el primer conductor que

UNA MANERA MUY COMÚN DE UTILIZAR EL MODELADO 3D EN ARQUITECTURA ES UTILIZAR LA PLANTA Y CONVERTIRLA EN UN EDIFICIO [...] ESTE TUTORIAL OFRECE UN ACERCAMIENTO NUEVO AL MODELADO 3D Y UNA INTRODUCCIÓN BÁSICA AL DISEÑO PARAMÉTRICO.

el coche se convierte en un apéndice del automovilista, una herramienta que le permite obtener el récord de velocidad por vuelta, que le permite coger mejor las curvas que sus rivales, una herramienta que, con un correcto uso, hace que sea el primero en divisar la bandera a cuadros.

Todo pasa por el control.
El control es la clave.

En arquitectura, una forma habitual de abordar el modelado tridimensional es partir de un plano de superficie y extrusionarlo hasta crear un edificio. En el presente tutorial de modelado 3D, el enfoque es radicalmente distinto e incluye una introducción al diseño paramétrico. Empezaremos por dar una visión totalmente distinta del modelo informatizado, en tanto que almacenamiento de información y no como pura herramienta de visualización. Tras unos breves apuntes sobre el almacenado de datos por ordenador durante el modelado, estudiaremos un ejemplo de modelado de formas libres.

En arquitectura, la geometría es nuestro circuito de carreras, y para ser un campeón, o como mínimo un buen conductor, debemos tener un control absoluto de las herramientas que utilizamos. Gozar del control de nuestro diseño tan sólo es posible siempre y cuando se utilicen las herramientas de modo adecuado.

recorra una cierta distancia se declara vencedor. Para competir en la Fórmula 1, basta con dos elementos: un conductor y un coche. El conductor debe tener talento y un conocimiento digno de la teoría de la conducción. Al respecto léase otro capítulo de este libro, "Introducción a las técnicas de la conducción" por Babler Font.

Ahora bien, sin la herramienta adecuada para que el conductor se desplace por el circuito, esa teoría no sirve de nada. De momento, centrémonos en el automóvil. El coche está sujeto a determinadas restricciones, parámetros que deben aplicarse a todos los equipos que deseen participar en las carreras de Grand Prix.

Cuando en 1996 Michael Schumacher y Ferrari volvieron a correr juntos, Ferrari le proporcionó a Schumacher un coche que sentó las bases de su práctica invencibilidad durante los próximos cuatro años. Este campeonato pasa por una verdadera labor de equipo. Si Schumacher se enfrentara a la competición en un Nissan Micra, no tendría ni una oportunidad. Y lo mismo si a cualquier persona que nos encontráramos por la calle la subiéramos a un Ferrari F2004 de Fórmula 1. Si se quiere vencer, coche y conductor deben fusionarse,

NURBS Y MALLAS

En el software de diseño 3D, el control de nuestro diseño depende primordialmente del conocimiento básico que tengamos sobre el proceso informático de conversión del diseño en información geométrica. No todos los programas utilizan los mismos mecanismos. Tenemos, por poner tan sólo unos ejemplos, el modelado de sólidos, el modelado NURBS o el modelado de mallas. Cada modelado trae consigo ventajas e inconvenientes. No existe una fórmula magistral, sino que cada cual deberá encontrar la modalidad más acorde con sus necesidades de diseño, concepto o pieza.

Antes de empezar con un breve tutorial sobre el modelado de formas libres, me gustaría analizar la tecnología subyacente a las NURBS y las mallas, dado que ambas técnicas conforman los fundamentos del tutorial.

Mallas: Una malla es la forma más habitual de describir un modelo informatizado tridimensional. Su geometría consiste en una nube de puntos, llamados vértices, y entre dichos puntos observamos triángulos, llamados caras. Cada modelo viene representado por un número de pequeñas superficies triangulares. Las mallas no contienen ningún nivel superior "inteligente" de control.

Las NURBS del inglés [non-uniform rational B-splines], B-splines racionales no uniformes son representaciones matemáticas de geometría capaces de describir con precisión todo tipo de forma, de una sencilla línea o curva a la superficie o sólido con la forma libre más compleja posible.

Para mayor información, es recomendable visitar el sitio web de Rhinoceros, un conocido programa de modelado NURBS, en [*http: //www.rhino3d.com/nurbs.htm*]

A diferencia de las mallas, las NURBS son una representación de la geometría, mientras que las mallas son la geometría en sí, lo cual concede gran ventaja a un modelo NURBS en comparación con uno de mallas. Al definir una forma mediante NURBS, no obtenemos un modelo estático, sino que creamos una forma definida por un conjunto de parámetros distintos. El diseño es el resultado de la totalidad de datos almacenados en dichos parámetros, lo cual proporciona la flexibilidad que requiere la primera fase del diseño, la del esbozo.

NURBS QUE ALMACENAN DATOS

Para un taller de estas características, es necesario aplicar un enfoque distinto del modelado arquitectónico, una visión diferente del modelo en 3D más allá de la herramienta de visualización de nuestras ideas y el diseño final.

Me gustaría proponer una concepción del modelo por ordenador como conjunto de datos. El modelo contiene información sobre la forma [datos geométricos], sobre la construcción [datos estructurales], propiedades de los materiales usados, etc. El modelo en cuestión es un prototipo del diseño final compuesto por los distintos parámetros y sus valores. Durante el proceso de diseño, dichos parámetros son definidos y modificados. Toda información que deba comunicarse a otras partes deriva de ese prototipo. Una vez terminado, basta con replicarlo en el emplazamiento real.

Este enfoque paramétrico concede al arquitecto el control absoluto del diseño. Incluso cuando el diseño entra en la fase de construcción y finalización. Programando los distintos parámetros en lugar de dibujar líneas y formas, el prototipo dota al arquitecto de una solución totalmente adaptable hasta el término del proyecto.

Tomaré una pequeña parte del proceso de prototipado para ilustrar la creación de un modelo adaptable a escala mediante NURBS. A la vez, nos servirá para entender el almacenamiento de datos geométricos al crear una forma simple.

Empezamos creando cuatro curvas NURBS. En el menú CREATE [Crear], seleccionad SHAPE [Forma] NURBS CURVES [Curvas NURBS]. Cread una curva CV definiendo 6 puntos en el espacio. Dichos puntos pueden estar situados en un plano, pero también puede tratarse de 6 puntos en un espacio tridimensional.

Con este primer paso creamos un modelo paramétrico. La forma de la curva viene definida por los vértices de control, que definen el comportamiento de la curva. Como no estamos tan sólo creando curvas, tenemos que convertir esta forma en algo más sólido, un objeto que defina un espacio, y lo logramos mediante una superficie controlada por curvas NURBS.

Seleccionad la curva que acabáis de crear y, en el menú EDIT [Edición], elegid CLONE [Clonar]. Queremos crear una copia independiente de la curva, de modo que seleccionamos COPY [Copia] en el cuadro de diálogo que aparece y pinchamos en OK [Aceptar]. Con la curva aún seleccionada, la arrastramos a una ubicación distinta en el espacio y repetimos este paso hasta lograr cuatro curvas. Alterad el comportamiento de la curva moviendo los vértices de control a su alrededor. Para ello, seleccionad la curva, id al menú MODIFY [Modificar], pinchad sobre el pequeño icono PLUS [Más] y, en la pestaña de objeto, elegid CURVE CV [Curva CV].

Estas curvas controlarán las superficies que pretendemos crear. En primer lugar, unimos las curvas individuales como parte del mismo objeto NURBS. Seleccionad una curva y fijaros que no se trate de una instancia de otra curva distinta [como hemos seleccionado COPY en el menú CLONE, deberíamos tener copias de nuestro objeto y no instancias]. Id al menú MODIFY y en la categoría GENERAL, elegid ATTACH [Adjuntar] y seleccionad las tres curvas restantes. Con las tres curvas como parte del mismo objeto, podemos definir una superficie que utilice dichas curvas como referencias. Con el objeto NURBS aún seleccionado, en el menú MODIFY abrimos la NURBS CREATION TOOLBOX [Caja de herramientas de creación de NURBS]. Elegimos U-LOFT del menú de superficies y allí seleccionamos las curvas con las que queremos crear la superficie.

Como veis, la forma queda definida mediante la creación de una superficie entre las cuatro curvas. La superficie está controlada por las curvas, que a su vez están controladas por sus CVs. Acabamos de crear una superficie paramétrica, controlada por valores almacenados en los vértices de control de las curvas.

RECUPERAR LA INFORMACIÓN

Al crear el modelo, hemos alimentado nuestro prototipo con datos de todo tipo. Datos que también pueden utilizarse para extraer información de nuestro prototipo. Cuando modificamos un parámetro desplazando el vértice de control o cambiando el color de un material utilizado, nuestro prototipo nos retorna información que muestra los resultados inmediatos de esa modificación. Este feedback visual ayuda al diseñador a valorar importantes decisiones de diseño y a concebir los espacios que crea.

Dado que la información almacenada en nuestro prototipo está formada por datos digitales, puede convertirse con facilidad para ser usada en otras aplicaciones o para funciones de comunicación entre diseñador y productor. Se pueden utilizar los datos geométricos que acabamos de introducir en nuestro prototipo a la hora de crear un modelo físico en una máquina CNC. Alimentamos la máquina con datos derivados de nuestro modelo.

Si consideramos el proceso de diseño una interacción constante entre diseñador y prototipo, el ordenador desempeña un papel crucial al concederle al diseñador un instrumento que le permite tener el control de sus datos. Dichos datos describen todo los aspectos del prototipo, del material a la geometría, de la construcción a las instalaciones. Una vez terminado el prototipo, basta con replicarlo en su verdadera ubicación.

CHRISTIAN BABLER FONT

INTRODUCTION AND PURPOSE

We all drive. The relationship between the citizen and the vehicles is unavoidable and always closer. That relationship may be focused from different perspectives. Some of them are positive such as the wider range of mobility that allows us to take more and better advantage of our time. The automobile industry [producers, distributors, traders, etc.] the gas industry, the insurance business and the huge infrastructures necessary to make circulation possible are examples that show the transcendence of the relationship between the citizen and the vehicles. However, we cannot neglect the negative consequences derived from

the road phenomenon. The accident rate is the main cause of death and injuries, way above any type of disease. Pollution is to a great extent the result of the expelling of gas from vehicles.

The object of this pages is to introduce some basic concepts and techniques in driving. Vehicles are instruments that act and function according to some orders that are received from the driver. The human factor is then what we have to work on if we want to reduce the number of road accidents. In order to achieve that, it is extremely necessary to manage and control the vehicle instrument safer, becoming aware of that.

INTRODUCTION TO DRIVING TECHNIQUES

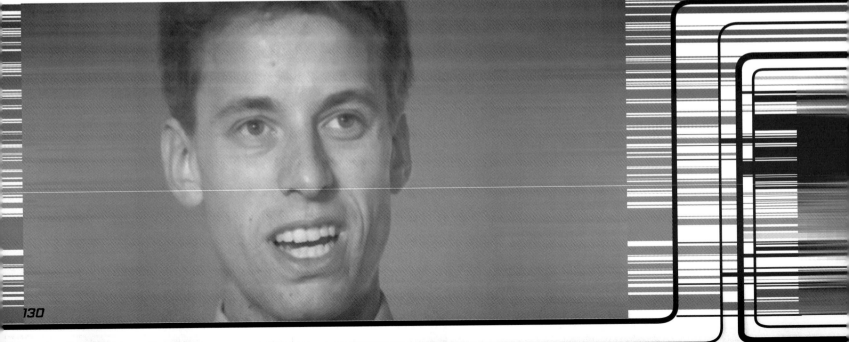

BASIC CONCEPTS: RISK/ SAFETY, SPEED AND VEHICLE CONTROL

Driving involves an objective risk in itself. Risk and safety when driving are two sides of the same coin. The more risk taken, the less safety and vice versa. The correct management of the vehicle allows us to increase safety when driving.

Speed is a factor that applies directly to risk or safety that we assume in driving. The higher speed, the lower safety and the higher accident risk. This relationship between speed and risk implies that accident prevention policies and regulations in the traffic sector affect the speed limit to a great extent.

Nevertheless, and without ignoring the previous relationship, the most important factor on which one should pay more attention in order to improve safety is not so much the speed limit [which is crucial], but more so the control of the vehicle. Controlling the vehicle means being fully aware of the risk level that we are assuming in our driving and which reaction ability we have in case such risk becomes effective. Each person has a different driving level, which allows, at different speed, assuming equivalent risks.

An example will be clarifying: the risks assumed by the pilot Carlos Sainz at 80 km/h in a winding mountain road will probably be much lower that the one any one of us [average driver] driving on the same road and with the same vehicle at 60 km/h.

The pilot, although driving faster, has an awareness level of the risk assumed and the capacity to control the vehicle such that he is most likely driving at 50% of his possibilities. The average driver, with the same vehicle and road, although at less speed, would more likely be driving at 85% of his possibilities. That is, the room for error and reaction of the average driver that drives slowly is much less that that of the pilot that drives faster.

When talking about working on the control of the vehicle, we are addressing the issue of allowing the average user to drive at the same speed as he does regularly but at a wider safety rate.

FACTORS THAT ARE INVOLVED IN THE CAPACITY TO CONTROL THE VEHICLE

Analyzing what we have defined as vehicle control, we easily observe the integrating factors that explain the lack that we suffer in this sense:

BEING FULLY AWARE OF THE RISK LEVEL THAT WE ARE ASSUMING

LIMITS: the idea that the vehicles as well as us as drivers have limitations in our driving is crucial. The greatest sensation of vehicle safety and the myth of the sensations derived from speed contribute to the fact that the person who is driving does this activity completely unaware of the risks involved.

An accident usually happens because either the vehicle limit or the driving limit has been broken. Driving has taken place above the 100% of the possibilities. It is obvious that nobody drives with the intention of causing an accident. Therefore, if there are accidents, it is because

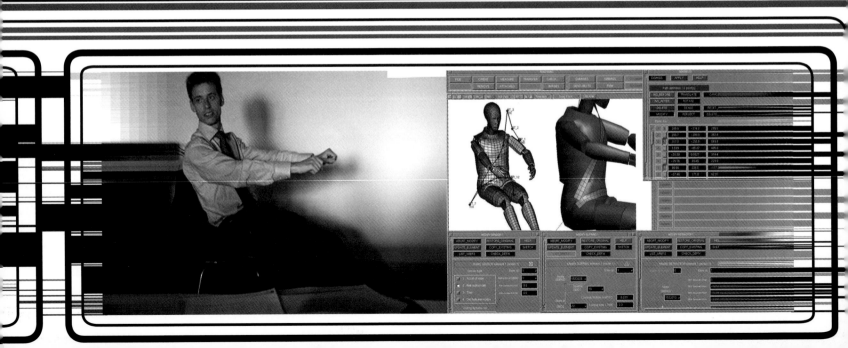

certain limits have been broken without being aware of it.

The limit is not really a norm that forces speed reduction disproportionately. The effective limit is the vehicle's physical limit and that of the person driving it. In order to prevent it, we have to know that limit by means of the control of the vehicle. If you can control the vehicle, you can anticipate and prevent the consequences of the orders you give to that vehicle and, therefore, you are naturally foreseeing the risk. There is no need for imposing a preventive behavior by means of tickets and other irrational forms of limiting regulations.

REACTION CAPACITY IN CASE THE RISK BECOMES EFFECTIVE

DRIVING / CIRCULATING: driving is not the same as circulating. Driving means managing and controlling the vehicle as an instrument. Circulating is driving in a social setting with certain rules for sharing the road [respect for traffic signs, speed limits, etc.].

LACK OF EDUCATION: the lack of education in driving stops not only knowing when you are assuming the risk but also how to react in case such risk becomes effective. For this reason, driving experience is required in closed tracks which allow for experiencing real risk in a control situation.

BASIC DRIVING TECHNIQUES

They allow us to increase the control of the vehicle in the risk prevention phase. They increase the room for safety at equivalent speed.

DRIVING POSITION AND MANAGING THE STEERING WHEEL: the back and the upper part of the legs must perfectly adjust to the seat angle as well as to the back of the seat. The correct distance is achieved when with the arms stretched forth completely, out wrist rests at the same height as the steering wheel. In this way, we will not be neither too far from the steering wheel (the lack of strength prevents a fast reaction) nor too close to it [the lack of room for the arms prevents turning fast the steering wheel].

The steering wheel must always be grabbed with the two hands. In straight line, the hands point at 10:10 as in a clock. The slight bend turns are made by sliding down the hand opposite the bend direction [leading hand] and turning up the steering wheel following the bend's direction. The other hand must rest on the steering wheel following the movement of the leading hand. In strong bends the arms must never be crossed and both hands must never end up on one side of the steering wheel [that would block our reaction].

TRACING THE BENDS

Tracing means taking the fastest and safest route within the space available for driving. Every bend is divided in three points:

BENDING POINT [BP]: it is the point where we start maneuvering at the bend. It is the starting point and the slowest point of the whole bend. This implies that previous to the bending point we must have braked and reduced speed appropriately so that the tire adherence allows the vehicle to turn properly. If we are driving too fast, the vehicle will not turn and we will have to react to avoid an accident. The bending point is located in the most exterior part of our available space in relation to the bend that we are about to take. A common error is precisely to not place oneself at the BP at the slowest speed of the whole bend.

POINT OF CONTACT [PC]: it is the point located at the most interior part of the bend and [in 90° bends for example] it is located at the bend's intersection. We should neither break nor speed up abruptly between the BP and the PC, but we should maintain the speed we have entered the BP waiting to be placed in the PC. From the PC we can see the way out and the end of the bend.

EXIT POINT [EP]: located in the exterior end of the exit of the bend. Between the PC and the EP we can start to accelerate the vehicle in order to come out of the bend and to get ready to place ourselves in the bending point of the next bend.

The correct tracing of the bend is that one in which the turning circle of the lowest part of the circumference that results from linking the three points [BP, PC and EP] is the longest possible. The route is the most similar to straight line and, therefore, the fastest and the safest.

The former stands on the premise that we know the shape of the bend that we are about to trace. It is not always like this. For this reason, we should try to read with the hints that we have available what we may come across in order to anticipate and foresee the correct tracing. For the same reason it is important to pay attention to the signals, the topography and any other hints such as, for example, the lights from other vehicles when we are driving at night.

The bends' layout varies according to their shape: in bends that close at the end, for example, the PC is delayed and in the BP we have to take into account that before reaching the PC we are going to need more adherence [and therefore less speed] than in the BP itself. For that purpose, we must anticipate the proper speed. In case of linked or continuing bends we must foresee their particular BP, PC and EP in a way that the last bend is the one we trace correctly because it is where the EP [fastest point] is like a straight line and not another bend. This means sacrificing the tracing of the previous bends and therefore they are not traced ideally [as isolated bends would be].

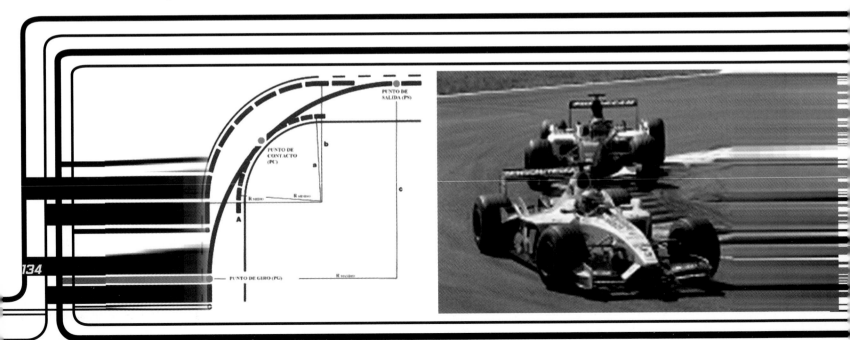

INTRODUCCIÓN Y OBJETO

Todos conducimos. La relación entre el ciudadano y los vehículos es inevitable y cada vez más estrecha. Dicha relación puede enfocarse desde diversos prismas. Algunos de ellos positivos como la cada vez mayor movilidad que nos permite aprovechar más y mejor nuestro tiempo. La industria del automóvil [fabricantes, distribuidores, comercializadores, etc.], la del carburante, la de los seguros, las grandes infraestructuras necesarias para permitir la circulación son ejemplos que ponen de manifiesto la trascendencia de la relación entre ciudadano y vehículo. No pueden obviarse sin embargo las consecuencias negativas derivadas del

vehículos son instrumentos que actúan y funcionan según las órdenes que reciben por parte del conductor. El factor humano es pues sobre lo que hay que incidir si queremos reducir el número de accidentes de tráfico. Para ello es primordial manejar y controlar el instrumento vehículo con mayor seguridad siendo conscientes de ello.

CONCEPTOS BÁSICOS: RIESGO/ SEGURIDAD, VELOCIDAD Y CONTROL DEL VEHÍCULO

La conducción entraña en sí misma un riesgo objetivo. El riesgo y la seguridad durante la conducción son las dos caras de una misma moneda. A mayor riesgo asumido, menor seguridad y viceversa. El

CONTROLAR EL VEHÍCULO SIGNIFICA CONOCER A CONCIENCIA QUÉ **NIVEL DE RIESGO** ESTAMOS ASUMIENDO EN NUESTRA CONDUCCIÓN Y QUÉ **CAPACIDAD DE REACCIONAR** TENEMOS EN CASO DE QUE SE PRODUZCA EFECTIVAMENTE DICHO RIESGO. CADA PERSONA TIENE UN **NIVEL DE CONDUCCIÓN** DISTINTO QUE PERMITE, A VELOCIDADES DISTINTAS, ASUMIR RIESGOS EQUIVALENTES.

fenómeno viario. La siniestralidad es la causa del mayor número de muertes y lesiones por encima de cualquier enfermedad. La contaminación del medio trae causa esencial en la emisión de gases de los vehículos.

El objeto de estas líneas es introducir algunos conceptos y técnicas básicas de conducción. Los

correcto manejo del vehículo nos permite aumentar la seguridad en la conducción.

La velocidad es un factor que incide directamente sobre el riesgo o seguridad que asumimos en la conducción. A mayor velocidad, menos seguridad y más riesgo de accidente. Esta relación entre velocidad y riesgo explica que las políticas de prevención de accidentes y la legislación del sector tráfico incidan mucho en la limitación de la velocidad.

Sin embargo, y sin negar la relación anterior, el factor más importante sobre el que se debe incidir para mejorar la seguridad no es tanto la limitación de la velocidad [que también] sino, sobre todo, el control del vehículo. Controlar el vehículo significa conocer a conciencia qué nivel de riesgo estamos asumiendo en nuestra conducción y qué capacidad de reaccionar tenemos en caso de que se produzca efectivamente dicho riesgo. Cada persona tiene un nivel de conducción distinto que permite, a velocidades distintas, asumir riesgos equivalentes.

Un ejemplo será clarificador: el riesgo que asume el piloto Carlos Sainz a 80 km/h en una carretera curvada de montaña será probablemente mucho menor que el de cualquiera de nosotros [conductor medio] en la misma carretera y con el mismo vehículo a 60 km/h.

El piloto, aunque conduzca más rápido, tiene una grado de conciencia del riesgo asumido y capacidad de control del vehículo tal que seguramente está conduciendo a un 50% de sus posibilidades. El conductor medio, a igualdad de vehículo y carretera, aunque a menos velocidad, posiblemente esté conduciendo a un 85% de sus posibilidades. Es decir, el margen de error y reacción del conductor medio que va lento es mucho menor que el del piloto que circula más rápido.

De lo que se trata cuando hablamos de incidir en el control del vehículo es de permitir al usuario medio que conduzca a las mismas velocidades que lo hace normalmente pero con mayor margen de seguridad.

FACTORES QUE INTEGRAN LA CAPACIDAD DE CONTROL DEL VEHÍCULO

EL PILOTO [...] TIENE UN GRADO DE CONCIENCIA DEL RIESGO ASUMIDO Y CAPACIDAD DE CONTROL DEL VEHÍCULO TAL QUE SEGURAMENTE ESTÁ CONDUCIENDO A UN 50% DE SUS POSIBILIDADES. EL CONDUCTOR MEDIO, A IGUALDAD DE VEHÍCULO Y CARRETERA, AUNQUE A MENOS VELOCIDAD, POSIBLEMENTE ESTÉ CONDUCIENDO A UN 85% DE SUS POSIBILIDADES.

El límite no es en realidad una norma que imponga una velocidad reducida desproporcionadamente. El límite efectivo es la física del vehículo y de quien lo maneja. Y para preverlo hay que conocer dicho límite a través del control del vehículo. Quien controla el vehículo sabe anticipar y prever las consecuencias de las órdenes que da a dicho vehículo y por tanto es naturalmente previsor. No hace falta que le

Analizando lo que hemos definido como control del vehículo observaremos fácilmente los factores que lo integran y que explican el déficit que sufrimos en este sentido:

CONOCER A CONCIENCIA QUÉ NIVEL DE RIESGO ESTAMOS ASUMIENDO

LÍMITES: la idea de que tanto el vehículo como, nosotros, conductores tenemos límites en nuestra conducción es primordial. La mayor sensación de seguridad de los vehículos y la mitificación de las sensaciones que genera la velocidad contribuyen a que, quien conduce lo haga sin conciencia de que hay riesgos en su actividad.

Un accidente se suele producir porque se ha superado el límite del vehículo o el de la conducción propia. Se ha circulado por encima del 100% de las posibilidades. Es obvio que nadie conduce con la intención de tener accidentes. Luego, si los hay, es porque se han superado ciertos límites sin conocimiento de ello.

impongan un comportamiento previsor vía sanciones y normas limitadoras irracionales.

CAPACIDAD DE REACCIONAR EN CASO DE PRODUCCIÓN EFECTIVA DEL RIESGO

CONDUCIR / CIRCULAR: no es lo mismo conducir que circular. Conducir supone manejar o controlar el vehículo como instrumento. Circular es conducir en un entorno social con ciertas reglas de convivencia viaria [respeto de las señales de tráfico, límites de velocidad, etc.].

FALTA DE FORMACIÓN: la falta de formación en la conducción impide no sólo saber cuando se está asumiendo riesgo sino también cómo reaccionar en caso de que se produzca dicho riesgo. Para ello se precisa experiencia al volante en circuitos cerrados que permitan experimentar sensaciones de riesgo real pero controlado.

TÉCNICAS BÁSICAS DE CONDUCCIÓN

Nos permiten incrementar el control del vehículo en la fase de previsión del riesgo. Incrementan el margen de seguridad a velocidad equivalente.

POSICIÓN DE CONDUCCIÓN Y MANEJO DEL VOLANTE: la espalda y la parte superior de las piernas deben ajustarse perfectamente en ángulo al asiento y respaldo del vehículo. La distancia correcta es tal que estirados los brazos completamente hacia delante, nos quede la muñeca justo a la altura del volante. De este modo no estaremos ni muy alejados (impide reaccionar rápidamente por falta de fuerza) ni muy cercanos al volante (impide girar el volante rápidamente por falta de espacio para los brazos).

El volante siempre se coge con las dos manos. En línea recta las manos señalan las 10:10 horas. Los giros en curvas poco pronunciadas se realizan desplazando hacia abajo la mano contraria a la del sentido del giro [mano directriz] y subiendo el volante en el sentido del giro. La otra mano se mantiene siempre al volante acompañando el movimiento que genera la mano directriz. En giros pronunciados nunca deben cruzarse los brazos ni quedar ambas manos en un lateral del volante [nos impediría reaccionar].

TRAZADO DE LAS CURVAS

Trazar significa tomar la trayectoria más rápida y segura dentro del espacio disponible para conducir. Cualquier curva podría dividirse en tres puntos:

PUNTO DE GIRO [PG]: es el punto en que iniciamos la maniobra de giro en la curva. Es el punto inicial y el más lento de toda la curva. Esto implica que previamente al punto de giro deberemos haber frenado y reducido la velocidad del vehículo adecuadamente para que la adherencia de los neumáticos nos permita que el vehículo efectivamente gire. Si vamos excesivamente rápidos el vehículo no girará y deberemos reaccionar para evitar un accidente. El punto de giro se sitúa en la parte más exterior de nuestro espacio disponible en relación con la curva que vamos a tomar. Un error habitual es precisamente no situarse en el PG a la velocidad más reducida de toda la curva.

PUNTO DE CONTACTO [PC]: es el punto situado en la parte más interior de la curva y situado [en curvas de 90º por ejemplo] en la intersección de la curva. Entre el PG y el PC ni debe frenarse ni acelerar bruscamente sino dosificar la velocidad a la que hemos entrado en el PG en espera de situarse en el PC. Desde el PC divisamos ya la salida y fin de la curva.

PUNTO DE SALIDA [PS]: situado en el extremo exterior de la salida de la curva. Entre el PC y PS podemos comenzar a acelerar el vehículo para salir de la curva y disponernos a situar en el PG de la siguiente.

La trazada correcta de una curva es aquella en que el radio de la parte de circunferencia que resulta de unir los tres puntos (PG, PC y PS) es lo más largo posible. La trayectoria es lo más parecida a la recta y por tanto es más rápida y segura.

Lo anterior parte de la premisa de que conocemos la forma de la curva que vamos a trazar. No siempre es así. Para ello hay que tratar de leer con los indicios de los que disponemos lo que nos espera para poder anticipar y prever la trazada correcta. Para ello es importante fijarse en la señalización, en la topografía y en otros indicios como por ejemplo los focos de luz de otros vehículos cuando circulamos de noche.

La trazada de las curvas varía en función de su forma: en curvas que se cierran al final por ejemplo el PC se retrasa y en el PG hemos de tener en cuenta que antes de llegar al PC necesitaremos más adherencia [y por tanto menor velocidad] que en el propio PG. Para eso hay que adecuar la velocidad anticipadamente. En caso de curvas enlazadas o seguidas hay que prever sus respectivos PG, PC y PS de tal manera que la última curva sea la que trazamos correctamente porque es donde el PS [el punto más rápido] lo es realmente a una recta y no a otra curva. Esto supone sacrificar la trazada de las curvas anteriores y por tanto no trazarlas idealmente [como si fueran curvas aisladas].

ILONA LÉNÁRD

Principal ONL [Oosterhuis_Lénárd] www.lenard.nl

THE POWER OF THE LINE

There are lines and there are powerlines. By definition according to Wordnet 2.0 [1], a line is a length [straight or curved] without breadth or thickness, a line is the trace of a moving point. Kandinsky states in his book *Punkt und Linie zur Fläche*: "*The geometric line is an invisible being. The line is the trajectory of moving points, or in other words its witness. The line has developed from the movement – indeed by the destruction of the highest in itself enclosed peace of the point. Here the jump from the static to the dynamic has been*

POWERLINES

138

team of experts and technicians prepare the vehicle. The vehicle is tested by the driver; he explores the physical limits of the car and the tracks. The driver needs to build up knowledge and experience. The driver carries all that about with him when driving up to the starting position, preferably in the pole position! As an artist preparing for the

139

made." The trajectory of the line is influenced by a number of internal and external forces working upon the line during the time of the tracing process. Internally the body – arm puts on constraints and willpower to the trajectory. External forces are for example the tool wherewith the line is drawn or the medium [paper, digital space] whereupon the line is drawn. A line can be defined as an infinite sequence of points. But not all lines are powerlines. A deliberately drawn line is not a powerline. The power must come from the force with which the line is made. An unconsciously scribbled line is not a powerline either. The scribble is slowly searching for its destiny, not knowing where to go, and changing course often due to its lack of speed. In my opinion the power of a line comes from the speed with which is has been put on paper or in 3d digital space. The powerline has an energic driving force; just like the Formula I racers create their powerlines along the race track. Formula I drivers are in a similar way drawing lines by connecting a series of points along the track. Each movement they make with their steering wheels creates a new point along the line. Most of these points are placed intuitively, by quick and immediate action. In that way

the Formula I driver creates his personal powerline when looping the circuit. In my quick and intuitive sketches I do the same. I trace my personal powerlines by changing the course of the lines through intuitive acts upon the muscles of my arm and hand. I do not know exactly how the pencil will go, but I do know that I have to drive it fast to allow the energy stream to pass through my arm and hand and to allow to pass it on to the paper or directly into digital space.

BUILDING UP THE POWER

The power does not come just like that. You have to build up the energy; you must build up the power. Compare it again to the world of the Formula I. Look at the way the drivers prepare for the race. A complete sketch I have done much the same. I have tested materials and tools, and arranged the tracing paper or the digital space in my studio. Then you must prepare for the start, building up the energy for the race / the trace itself, mobilizing the knowledge and experience you have been working on so hard. You must make your knowledge available for your quick and intuitive actions, like the idiot savant who creates a shortcut to his database/ memory when reciting all numbers and names from the telephone book he has been reading before. You must be prepared to build a shortcut to your knowledge when drawing the powerline. This is called concentration, excluding disturbing influences, peeling off reality in order to focus on the potential power of the line.

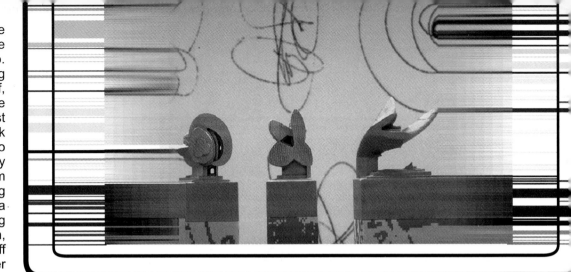

UNLEASHING THE POWER

Go to the start, on your marks, and there you go. You have to lift off. All systems go. You unleash the power. The graphite rushes over the paper like the rubber tires mark the asphalt. Speed is essential for unleashing the power. It only takes one or two seconds to make the quick and intuitive sketch. The speed of the sketch is by far faster then the time consuming thinking process of the brain. There is no time for deliberate action. I rely completely on my intuition, on my trained ability to connect as directly as possible to my experience, to my knowledge base. Unleashing the power is letting the information flow freely from my body through my arm and hand to the paper. Unleashing the power is becoming the idiot savant; the Formula I driver.

INTUITION

But just like the idiot savant I have no conscious understanding of what the names and numbers in the telephone book mean when connecting directly to the data. Each one of us is a potential idiot savant, if we only know how to get in touch with the power within ourselves. The connections have been prepared before the process of fast and powerful action,

but when executing the actual sketch I have no conscious communication with my brain. It is one-way information flow. This is intuition. According to Worldnet 2.0 intuition is the *"instinctive knowing without the use of rational processes"*. Intuition is knowing and intuition is doing without thinking. The process of thinking is way too slow to keep up with the information flowing through shortcut body and brain circuitry instigated by the liberation of intuition. Intuition unfolds in the present; it never comes from the past. Intuition is by definition actual. According to Buckminster Fuller intuition is insight and sensitivity to the environment and the self. In that sense the person following his or her intuition is bridging the self with the environment, [s]he creates a shortcut between the individual person and the surrounding world.

SPEED AND FRICTION

The speed of intuition is awesome. It is comparable to the calculation speed of the computer. In the late 80-ies of the

last century I started realizing that the computer is the perfect tool for executing and monitoring my fast and intuitive sketches. The calculation speed of the computer keeps pace with the speed of the information flowing through the shortcut to the brain created by the idiot savant in me. The computer calculates the positions of the 3d pointer in my hand in real time, and registers seemingly effortless the sequence of coordinates. The computer is my personal idiot savant, allowing me to connect in real time to the data created by my arm movements, steered by my intuition. Speed executed in an environment causes friction. When making fast and intuitive hand drawn sketches, the speed of the sketch causes friction in my arm, I experience the physical constraints of my arm movements. I have a limited degree of freedom to move and rotate my arm and hands, and I have a limited reach of a half meter without displacing myself during the action. Moreover there is friction between the tip of my pen and the paper, causing the graphite leaving bits of material on the paper. Looking into greater details of the traces left on the paper, the

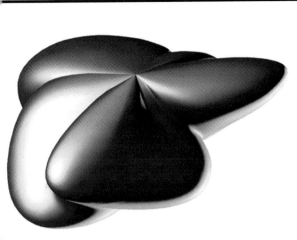

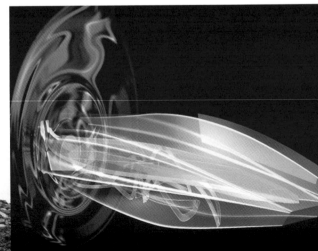

worn down graphite witnesses the power and the intuitive intentions of the maker. When making fast and intuitive sketches using the mouse of the computer or the 3d digitizer, I still have the physical constraints of my arm movements, but now the curves are traced in 3d digital space, which is virtually endless. The 3d trajectories are immediately registered in weightless space, and I am free to travel through the 3d witness of my arm movements. There is hardly any friction in digital space. The friction in digital space is caused by other tools and resides in the subsequent transformations of the sketch. The friction is in the software not in the ability of the operators to choose the sequence of commands in computer programmes.

3D SKETCHES ARE THE GENES FOR NEW CONSTRUCTS

Having developed sufficient computer skills, the digital sketches can be translated directly into formative forces working upon 3d models for sculptures and buildings. Here we have discovered another shortcut: the hotlink from file to factory. We have discovered that the 3d sketch can literally be made, literally be transformed into a tangible matter.

The file to factory process allows us to declare the 3d trajectories of the intuitive sketches to be genes for further construction. Searching the web for the meaning of a gene, we find that a gene is the unit of heredity. A gene contains hereditary information encoded in the form of DNA and is located at a specific position on a chromosome in a cell's nucleus. Each individual has a unique sequence of genes, or genetic code. Here we regard projects [sculptures, buildings] as the individuals. The 3d sketches contain the hereditary information for the development of the evolutionary 3d model that eventually leads to the exact execution

[=reproduction] of the data into tangible matter. Installations, sculptures and buildings are organized information and matter. The 3d sketch constitutes an important sequence of informative genes, cooperating with thousands of other genes making up the newly constructed individual installation, sculpture or building.

[1] Wordnet 2.0: *http://www.cogsci.princeton.edu/~wn/*

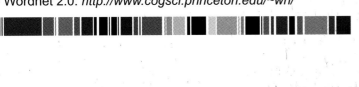

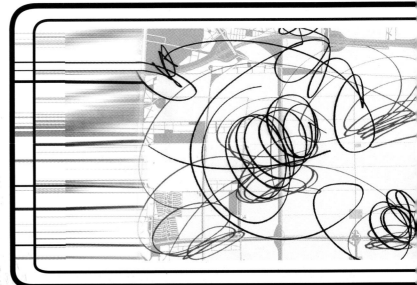

LÍNEAS DE FUERZA   ILONA LÉNÁRD

Director de ONL [Oosterhuis_Lénárd] www.lenard.nl

LA FUERZA DE LA LÍNEA

Una cosa son las líneas y otra muy distinta las líneas de fuerza. Según la definición del diccionario [1], una línea es una extensión [recta o curva] de una sola dimensión, es el trazo de un punto en movimiento. En su obra *Punto y línea sobre el plano*, Kandinsky afirma: "*La línea geométrica es un ser invisible. La línea es la trayectoria de los puntos en movimiento, a saber, su testigo. La línea se ha desarrollado a partir del movimiento; de hecho, mediante la destrucción de la paz suprema inherente al punto. He aquí el salto de lo estático a lo dinámico.*" Esta trayectoria de la línea se ve afectada por una serie de fuerzas internas y externas ejercidas sobre la línea durante el trazado. Internamente, el cuerpo, el brazo, imponen sus restricciones y voluntad a la trayectoria.

Las fuerzas externas, por ejemplo, son la herramienta con la que se dibuja la línea o el medio [papel, espacio digital] donde se traza. Podemos definir una línea como una secuencia infinita de puntos. Pero no todas las líneas son líneas de fuerza. Una línea dibujada deliberadamente no es una línea de fuerza. La energía debe proceder de la fuerza con la que se genera la línea. Una línea garabateada inconscientemente tampoco es una línea de fuerza. Los garabatos buscan lentamente su destino, sin saber qué camino tomar, a menudo cambiando de rumbo debido a la falta de velocidad. A mi entender, la fuerza de una línea procede de la velocidad a la que se la ha plasmado en el papel o el espacio digital tridimensional. La línea de fuerza contiene una fuerza motriz energética, al igual que

los conductores de Fórmula 1 generan sus líneas de fuerza sobre el circuito de carreras. De manera parecida, los conductores de Fórmula 1 dibujan líneas hilvanando distintos puntos del circuito. Cada giro de su volante crea un nuevo punto sobre la línea. Estos puntos suelen inscribirse intuitivamente, mediante acciones rápidas e inmediatas. De esa forma el conductor de Fórmula 1 traza su propia línea de fuerza al recorrer el circuito en bucle. Lo mismo hago yo en mis trazos rápidos e intuitivos. Dibujo mis propias líneas de fuerza modificando el curso de las líneas por medio de acciones intuitivas sobre los músculos de mi brazo y mi mano. Desconozco con exactitud el rumbo que adaptará mi lápiz, pero sí sé que debo manejarlo con agilidad para hacer que el flujo de energía recorra mi brazo, mano y pase al papel o directamente al espacio digital.

CONCENTRAR LA FUERZA

La fuerza no aparece sin más. Tenemos que concentrar la energía, acumular la potencia. Tomemos una vez más el ejemplo de la Fórmula 1. Fijémonos en la preparación de los conductores para la carrera. Existe todo un equipo de expertos y técnicos que ponen a punto la máquina. El conductor también comprueba el vehículo, explora los límites físicos del coche y de los carriles. El conductor debe hacer acopio de conocimiento y experiencia. Ese es el estado del conductor hasta la posición de arranque. Y si es posible, ¡hasta la parrilla de salida! Como artista que prepara un boceto, paso el mismo proceso. Compruebo los materiales, las herramientas, y coloco el papel carbón o dispongo el espacio digital de mi estudio. A continuación uno debe prepararse para empezar, activando la energía para la carrera o el mismo trazo, movilizando el conocimiento y la experiencia que tanto ha trabajado. El conocimiento tiene que estar al alcance para ejecutar nuestras acciones rápidas e intuitivas, como el *idiot savant* que busca una vía rápida hasta su base de datos, su memoria, al recitar los números y nombres del listín telefónico que acaba de leer. Debemos estar preparados para encontrar ese atajo que nos lleva a nuestro conocimiento al dibujar una línea de fuerza. Es lo que llamamos concentración, eliminamos influjos perturbadores, desnudamos la realidad para centrarnos en el potencial de la línea.

LIBERAR LA FUERZA

Nos dirigimos a la salida. A nuestros puestos [parrilla de salida]. Y partimos, toca coger altura. Se ponen en marcha todos los sistemas. Liberamos la fuerza. La mina de grafito se apresura sobre el papel al igual que los neumáticos de caucho graban el asfalto. La velocidad es clave a la hora de liberar la fuerza. En cuestión de un par de segundos dibujamos el trazo rápido e intuitivo. La velocidad del trazo es con mucho superior al laborioso pensamiento de nuestro cerebro. No hay tiempo para acciones conscientes. Confío ciegamente en mi intuición, mi capacidad entrenada para conectar lo más directo posible con mi experiencia, mi base cognitiva. Liberar la fuerza significa permitir que la información fluya libremente desde mi cuerpo, pasando por el brazo y la mano, hasta el papel. Liberar la fuerza pasa por convertirse en un *idiot savant*. En el conductor de Fórmula 1.

LA **INTUICIÓN** ES **CONCIENCIA**, LA INTUICIÓN ES **ACCIÓN SIN PENSAMIENTO**. PENSAR ES **DEMASIADO LENTO** COMO PROCESO PARA **MANTENER** CONSTANTE EL **FLUJO INFORMATIVO** QUE ENLAZA DIRECTAMENTE **EL CUERPO** CON EL CEREBRO GRACIAS A LA INTUICIÓN **LIBERADA**. LA INTUICIÓN SE DESENCADENA EN EL **MOMENTO PRESENTE**, NUNCA PROCEDE DEL PASADO.

INTUICIÓN

Pero al igual que el *idiot savant*, cuando conecto directamente con los datos no poseo una comprensión consciente de lo que significan esos nombres y números del listín. Todos y cada uno de nosotros somos un *idiot savant* en potencia, basta con saber cómo activar la fuerza que llevamos dentro. Las conexiones han sido preparadas antes de que se lleven a cabo las acciones potentes y rápidas, pero al ejecutar el trazo en sí no mantengo ningún tipo de comunicación consciente con mi cerebro. Es un flujo de información unidireccional, es decir, intuición. Según el diccionario [1], la intuición es "*conciencia instintiva carente de raciocinio*". La intuición es conciencia,

la intuición es acción sin pensamiento. Pensar es demasiado lento como proceso para mantener constante el flujo informativo que enlaza directamente el cuerpo con el cerebro gracias a la intuición liberada. La intuición se desencadena en el momento presente, nunca procede del pasado. Por definición, la intuición es real. Según Buckminster Fuller, la intuición es vista y sensibilidad para con el entorno y el yo. En ese sentido, la persona que sigue su intuición tiende un puente entre el yo y su entorno, encuentra una vía rápida entre el individuo y el mundo que le rodea.

VELOCIDAD Y FRICCIÓN

La velocidad de la intuición es asombrosa. La podemos comparar con la velocidad de cálculo de un ordenador. A finales de la década de 1980, empecé a caer en la cuenta de que el ordenador era la herramienta perfecta para ejecutar y controlar mis rápidos e intuitivos trazos. La velocidad de cálculo de un ordenador sigue el ritmo de la velocidad de información que aprovecha el atajo hacia el cerebro que el *idiot savant* que hay en mí ha fijado. El ordenador calcula las posiciones del puntero tridimensional que maneja mi mano en tiempo real y, al parecer sin esfuerzo alguno, registra la secuencia de coordenadas. El ordenador es mi *idiot savant* personal, dado que me permite conectar en tiempo real con los datos que generan mis movimientos de brazo y que dirige mi intuición. La velocidad ejecutada en un entorno causa fricción. Al dibujar trazos manuales rápidos e intuitivos, la velocidad de trazado genera fricción en mi brazo, experimento las restricciones físicas de mis movimientos de brazo. Poseo un grado limitado de libertad de movimiento y rotación de brazo y manos, y un alcance también limitado de un metro y medio sin desplazarme durante la acción. Es más, existe fricción entre la punta del lápiz y el papel, por lo que la mina dejará restos de material sobre ese papel. Si analizamos con más detenimiento los pormenores de los trazos en el papel, la mina gastada atestigua la fuerza y las intenciones intuitivas del creador. Al esbozar trazos rápidos e intuitivos mediante el uso de un ratón de ordenador o de un digitalizador tridimensional, mantengo las restricciones físicas del brazo y sus movimientos, pero en este caso las curvas se dibujan en un espacio digital tridimensional, que es prácticamente ilimitado. Las trayectorias en 3D quedan al instante registradas en el espacio ingrávido y soy libre de viajar gracias al testigo tridimensional que son los movimientos de mi brazo. En el espacio digital, apenas hay fricción. En dichos entornos, la fricción es el resultado de otras herramientas y permanece en las transformaciones sucesivas del trazado. La fricción reside en el *software* y en la capacidad de los operadores de elegir la secuencia de comandos de los programas de ordenador.

LOS TRAZOS TRIDIMENSIONALES SON LOS GENES DE LAS NUEVAS CONSTRUCCIONES

Con el necesario desarrollo de las adecuadas destrezas informáticas, los trazos digitales pueden traducirse directamente en fuerzas formativas que operarán sobre los modelos tridimensionales con vistas a esculpir y construir. Acabamos de descubrir otra vía rápida: el supervínculo entre el archivo y la fábrica. Hemos descubierto que el trazo tridimensional puede literalmente materializarse, transformarse en materia tangible.

El traspaso de archivo a fábrica nos permite afirmar que las trayectorias tridimensionales de los trazos intuitivos son genes para la futura construcción. Si buscamos el significado de 'gen' en el ciberespacio, encontramos que el gen es la unidad de la herencia. Un gen contiene información hereditaria codificada en forma de ADN y está ubicado en una posición determinada del núcleo celular de un cromosoma. Cada uno de nosotros posee una secuencia única de genes o código genético. Debemos considerar nuestros proyectos (esculturas, edificios) como si fueran personas. Los trazos tridimensionales contienen la información hereditaria para el desarrollo del modelo evolutivo tridimensional que en último término conlleva la transformación (reproducción) exacta de los datos en materia tangible. Las instalaciones, las esculturas y los edificios se organizan en información y materia. El trazo tridimensional constituye una importante secuencia de genes informativos que coopera con miles de otros genes y configura así la instalación, escultura o edificio individual de nueva planta.

[1] Wordnet 2.0: *http://www.cogsci.princeton.edu/~wn/*

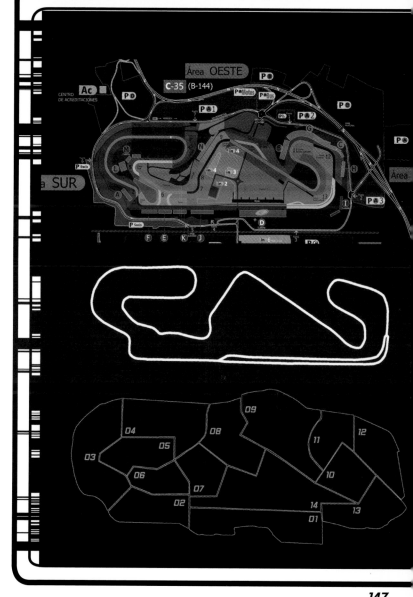

C³ THE CATALUNYA CIRCUIT CITY

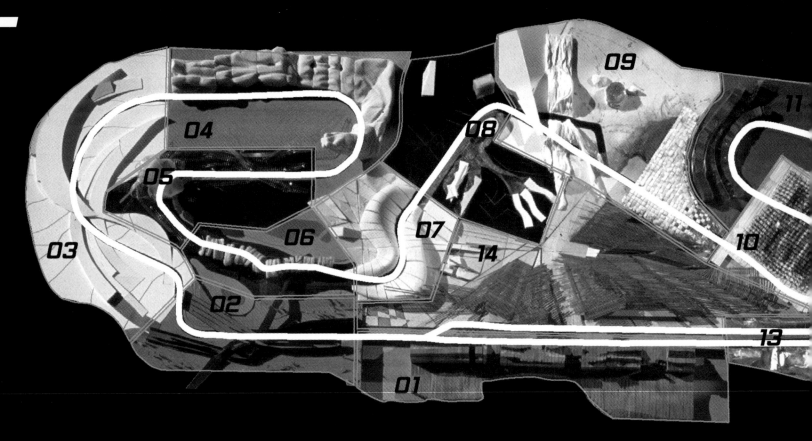

DYNAMIC - STATIC

The idea of **FRICTION** flows a hierarchy through the composition.
The interaction of two elements in a variety of states informs the decisions within the building. The result of every contrast of any two elements, is always friction. Friction, however morphs itself depending on the two elements that are interacting. The way in which they come together.

The initial contrast that is seen within the project is the juxtaposition of the track as a place for racing and track as a part of the city. Initially separated states now have friction between the two. The use of the space as a park is used to further enhance the contrast between the two uses: racetrack and citypark. The interesting aspect of the project becomes not to have opposite elements standing beside each other that are rigid and ignorance of each other, but rather to integrate the two. By finding ways to reduce the friction of these two distinct beings, the characteristics of each are reinforced, strengthened and explored. In this sense the equation for the building always is a result which is a factor of friction.

As the project becomes more refined, more factors are introduced that allow for a further exploration of this concept of friction. Speed, velocity, transfer, all become inputs into the system. The system then analyses these forces through a factor of friction and the output produced is reflected in the building.

Ideas like the *proximity of opposite speeds of life* is the first to be explored. The speed of life in a racecar is compared to the speed of life in a tranquil park. How do these two interact, yet retain plausibility while maintaining their own identity? Without allowing one to consume the other. The answer comes through the morphing form. Pockets are created that both protect the park from being consumed by the race, but also reinforce the ideas of what is a park. The key is not to severe the relationship but celebrate it in a functional manner.

From there the ideas are plentiful, but the methodology is always the same. How does the built form reflect friction of these types of relationships?

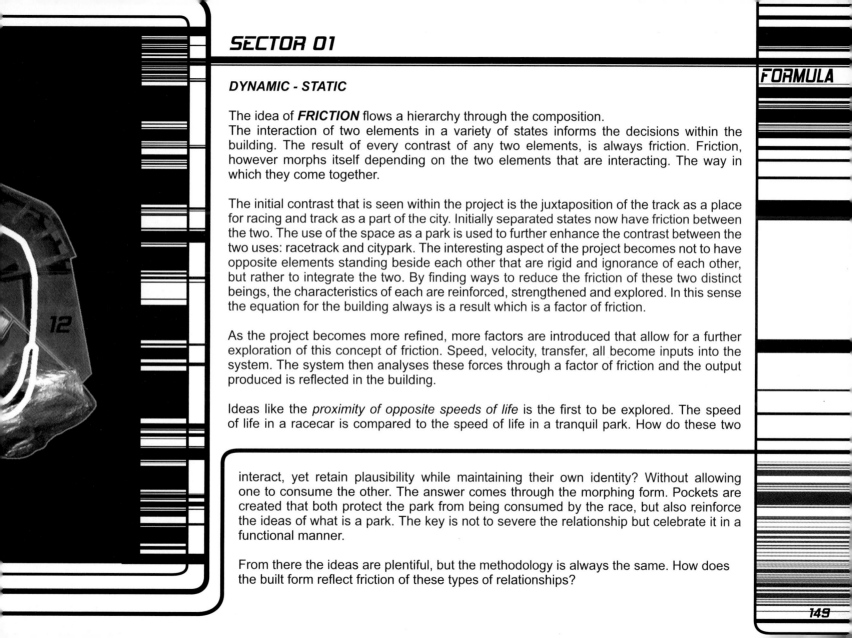

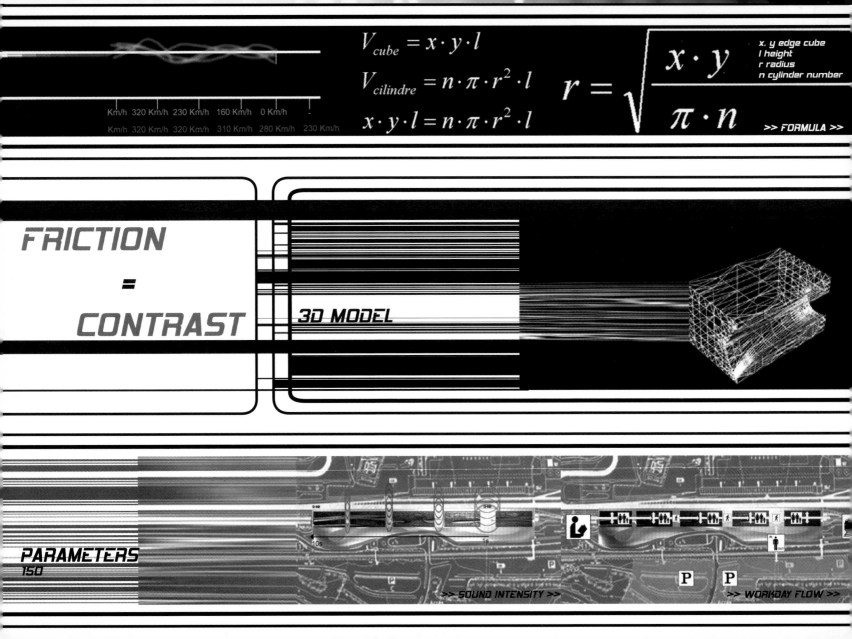

$$V_{cube} = x \cdot y \cdot l$$

$$V_{cilindre} = n \cdot \pi \cdot r^2 \cdot l \qquad r = \sqrt{\dfrac{x \cdot y}{\pi \cdot n}}$$

$$x \cdot y \cdot l = n \cdot \pi \cdot r^2 \cdot l$$

x. y edge cube
l height
r radius
n cylinder number

>> FORMULA >>

Km/h 320 Km/h 230 Km/h 160 Km/h 0 Km/h

Km/h 320 Km/h 320 Km/h 310 Km/h 280 Km/h 230 Km/h

FRICTION

=

CONTRAST

3D MODEL

PARAMETERS
150

>> SOUND INTENSITY >>

>> WORKDAY FLOW >>

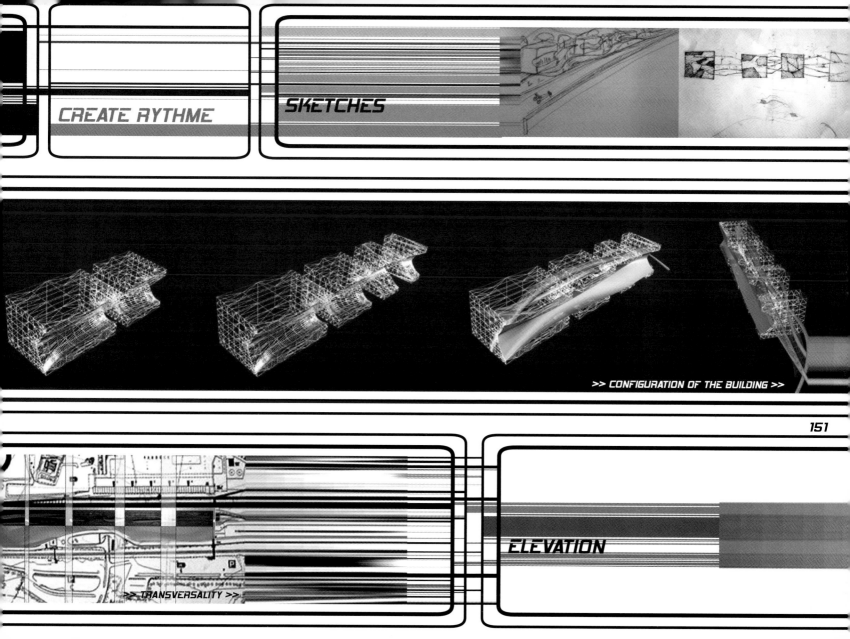

CREATE RYTHME

SKETCHES

>> CONFIGURATION OF THE BUILDING >>

>> TRANSVERSALITY >>

ELEVATION

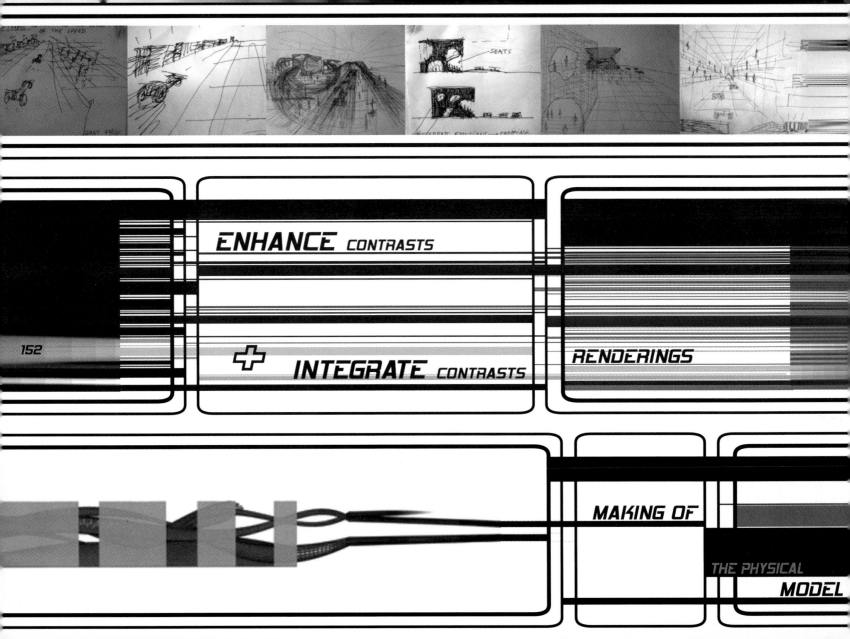

ENHANCE CONTRASTS

152

+ INTEGRATE CONTRASTS

RENDERINGS

MAKING OF

THE PHYSICAL

MODEL

CONCEPTUAL MODELS

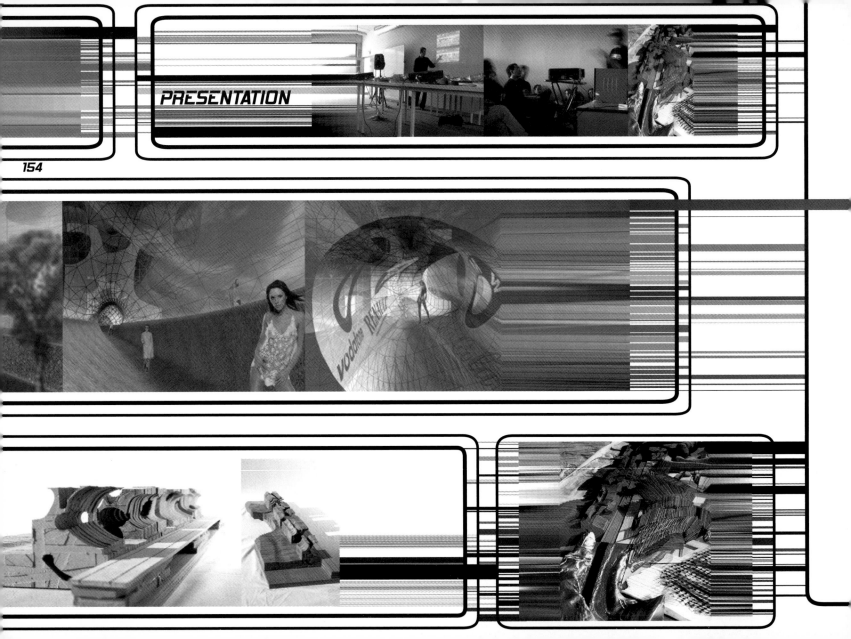

"In reality, life is a movement, materiality is the inverse movement, and each of these two movements is simple, that matter which forms a world being an undivided flux, and undivided also the life that runs through it, cutting out in it living beings all along its track. Of these two currents the second runs counter to the first, but the first obtains, all the same, something from the second. These results between them a modus vivendi, which is organization".

Henri Bergson , *Creative Evolution* (The Modern library)

SECTOR 02
BIOMECHANICAL RESEARCH CENTER

PROGRAM
365.25 days:
362 days: Biomechanical research center
3 days: competition.
Classrooms become viewing theater.

CLIENT: ELF
Biomechanical research center.

The company pays the center's R&D. The circuit is also used as a part of the training and research programs.

PROGRAM ELEMENTS
Every structural tube has various elements in it. We have distinguished the tube through different colours.

BLUE TUBE= RESEARCH CENTER
Flexible classrooms
Computer rooms
Washrooms
Laboratory
Library
Auditorium
Staff room
Theater

GREEN TUBE= LEISURE AREA
Botanical gardens
Gym
Terrace-Restaurant
Entrance
Theater

RED TUBE= SOCIAL AREA
Communication
Cafeteria

The areas in the tubes are intertwined together and not separated by hallways or stairs. The tubes are shaped by the areas, **like a snake taking in its food**; the skin forms around the object ingested.

BLUE TUBE=Research Center
6.150 sqm + circulation areas=600sqm
GREEN TUBE=Leisure Area
1.750 sqm + circulation areas=240sqm
RED TUBE=Social Area
3.100 sqm + circulation areas=500sqm

BIOMECHANICAL RESEARCH CENTER
The Biomechanical Research Center, is used as an advanced research center in Biomechanics. With the highest top technology. A worldwide reference. Using the latest technology and improving in biomechanics for *Elf* company.
Scientifics from over the world are invited constanly, they prepare conferences, workshops, etc.

CONNECTIONS
We are between Team 01 and Team 03. Team 01 are designing a leisure +shopping center, and Team 03 are designing a housing area.

CONCEPTS
FLUID/ALIVE
The building is a Biomechanical Research Center; we consider its structure as a living object compared to the human body. I.e. skin, muscles and arteries.

MOVEMENT/FLEXIBILITY
The building is flexible and adapts to the race track. The shape of the building and the movement of the race cars compliment each other.

SENSES/FEELINGS
Through our five senses we see hear smell taste and touch. We process this information through our nerves. The structure of the Biomechanical building is similar to our nervous system. Where the tubes connect, the senses are aroused, passing information from one sense to the other.
In order to create the shape of our building we made graphs of the all the human senses that are aroused while at a race track and combined them into a single graph.

PARAMETERS

taste for speed　g force

MOVEMENT

THE RESULT IS:

Team 01: shopping + leisure center
Team 02: Research Center (offices + laboratories)
Team 03: Housing

We also have a connection with Team 06. The red tube connects with this area (hotels). The people will work in our area, will live in the 3rd area, will buy and relax in the 1st area. And occasionally will stay in the 6th area. The schedule of the people who will work in the Biomechanical Research Center, is between 7:00 am to 6:00 pm. The green areas around the building are public areas for the city.

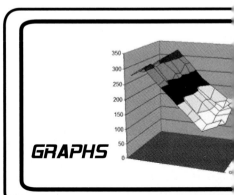

GRAPHS

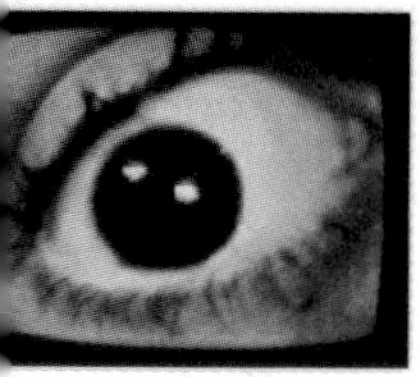

expectation 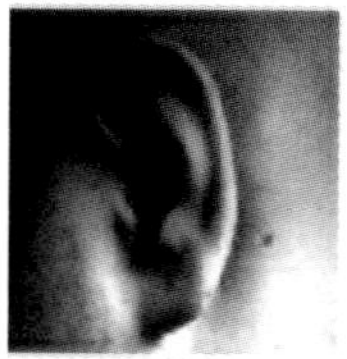   noise 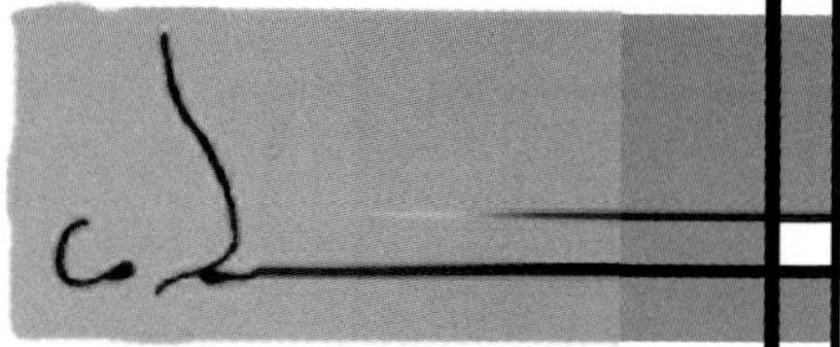   smell

FIRST SKETCHES

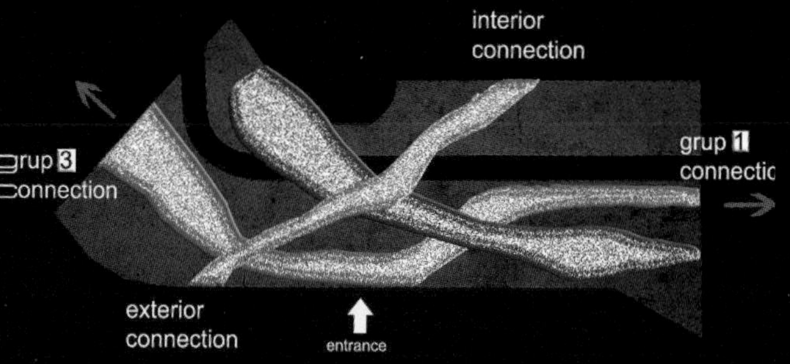

interior
connection

grup 3
connection

grup 1
connectio

exterior
connection

entrance

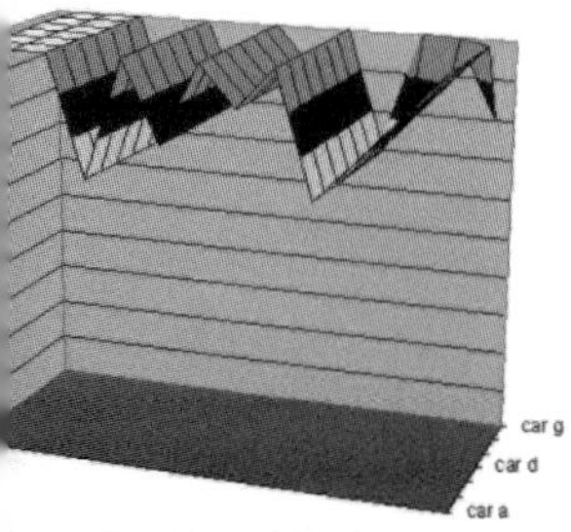

car g
car d
car a

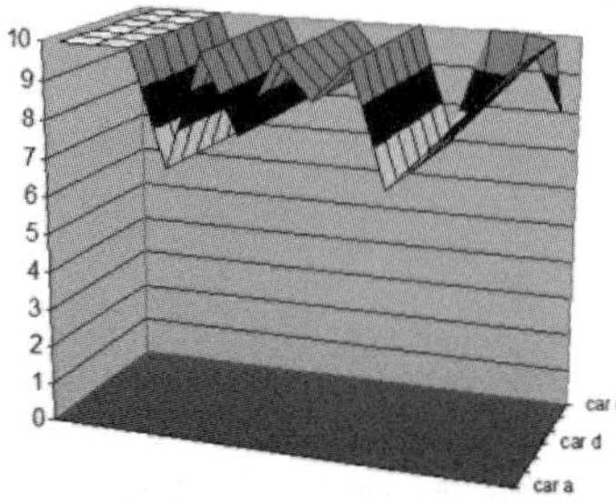

10
9
8
7
6
5
4
3
2
1
0

car g
car d
car a

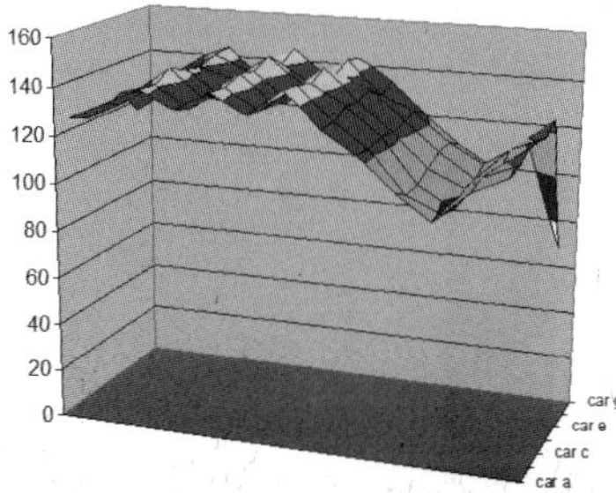

160
140
120
100
80
60
40
20
0

car g
car e
car c
car a

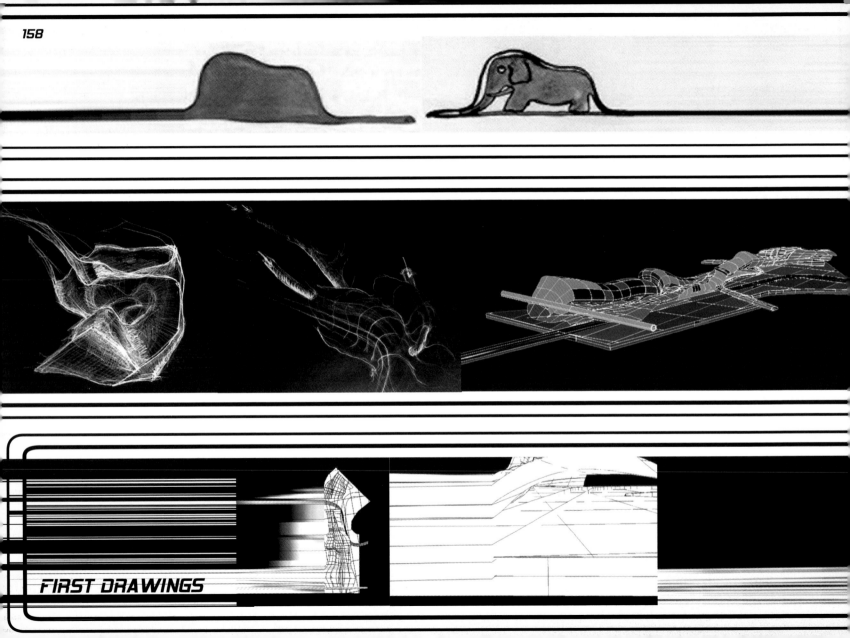

FIRST DRAWINGS

MORE DRAWINGS

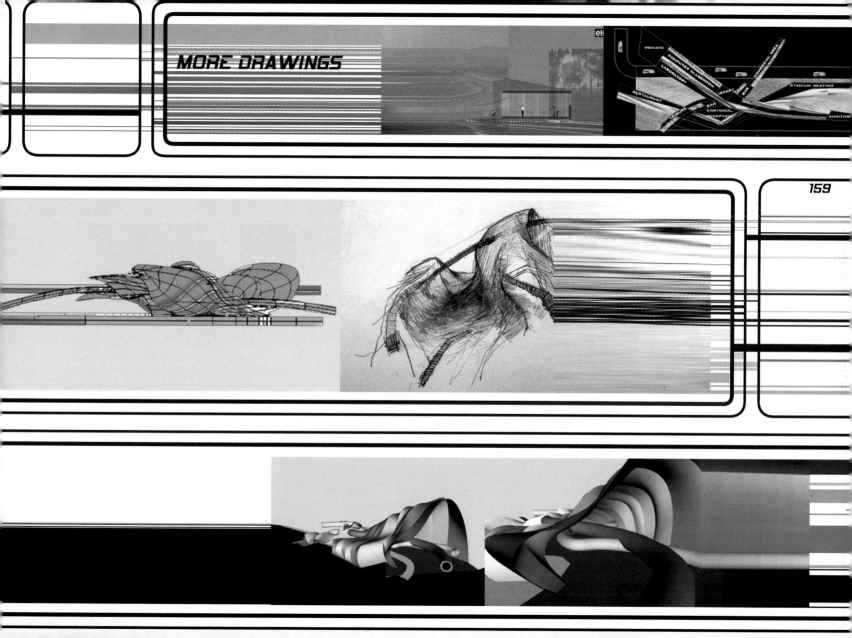

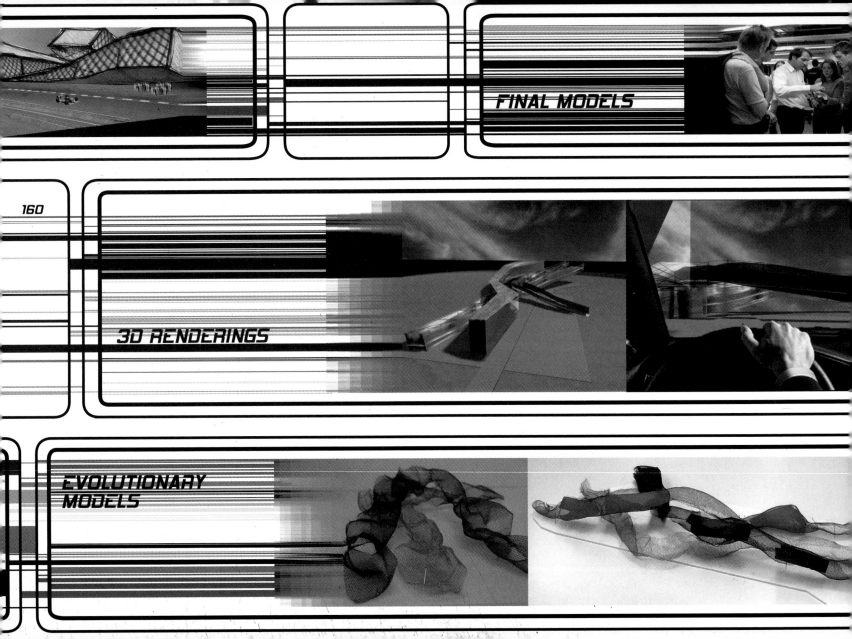

FINAL MODELS

3D RENDERINGS

EVOLUTIONARY MODELS

IN-FLOWS-PROJECT RENAULT

Space and place are the mental and physical scenario, where architectural adventure is developed and tries not to be stylistic. We have to understand architecture as something particular; its program and character come from the landscape.

SECTOR 03

Basic conditions of emplacement: concretion, symbolic meaning, proper phenomenal data, and capacity of spatial relation between things and ourselves.

Programs basic conditions:
¨parcelling uses out¨, but articulating activities in a preferably fluid and open space, no longer linked to strict geometric designs but having a freer and more considered configuration.

Materiality basic conditions:
considering empty space as a prime ¨architectonic material¨ due to its important abstract component and not so much for its ¨natural value¨. Direct intervention on the ground would be understood, then, as intervention on an ¨architectonized¨ void.

The built square meters along the site is fluidly generated in direct relation to the strength of the spectacle.

A formula is derived in which greater potential for spectacle [competition, accident,etc.] motivates a larger building area.

VELOCITY = V   GRAVITY = g   [g ≥ 1]

FRICTION = Fr   Fr = Fr¹ + Fr²   Fr¹ CIRCUIT

                                          Fr² AIR

SPECTATORS   [SPECT. ≥ 0]

$$\Sigma \text{ FLUIDS} = \quad V^2\,g - Fr\,/\,SPECT.$$

DIAGRAMS

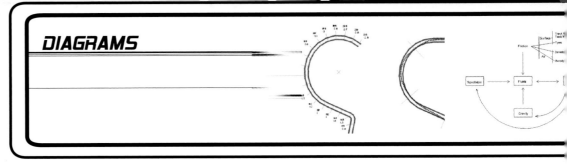

ANALYSIS

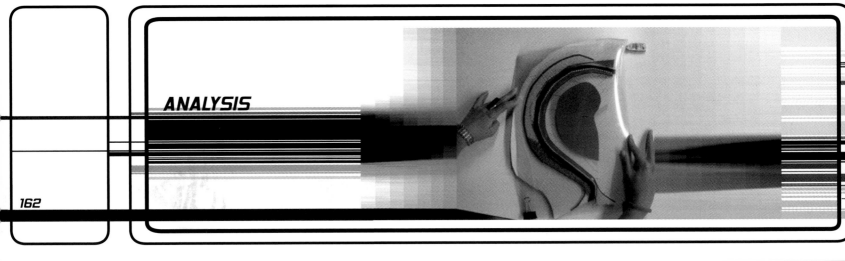

162

PROGRAM

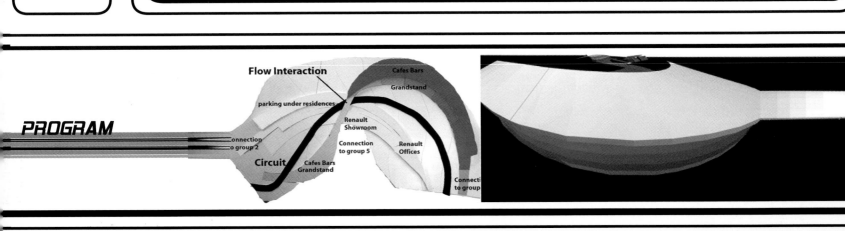

Flow Interaction

Cafes Bars

Grandstand

parking under residences

Renault Showroom

Connection to group 5

Renault Offices

connection to group 2

Circuit

Cafes Bars Grandstand

Connection to group

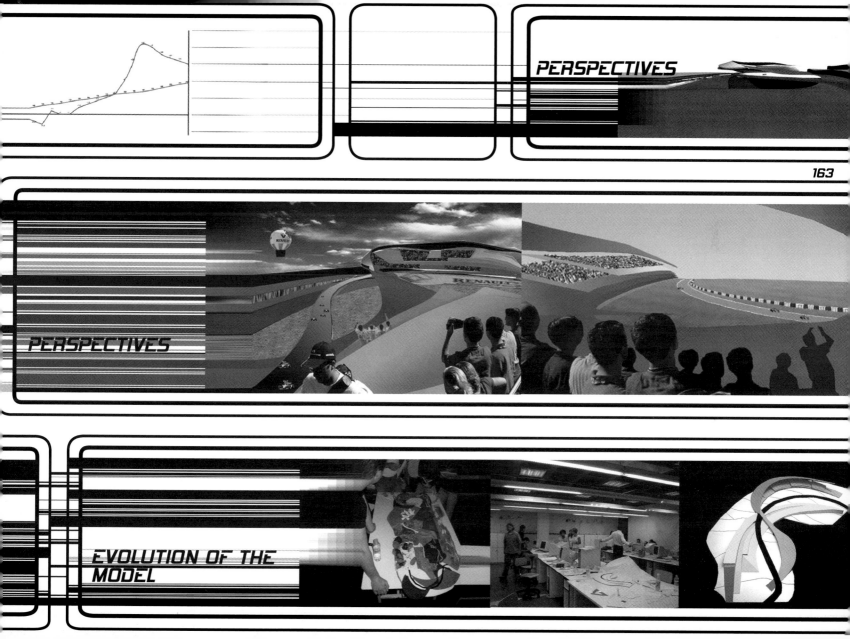

PERSPECTIVES

PERSPECTIVES

EVOLUTION OF THE MODEL

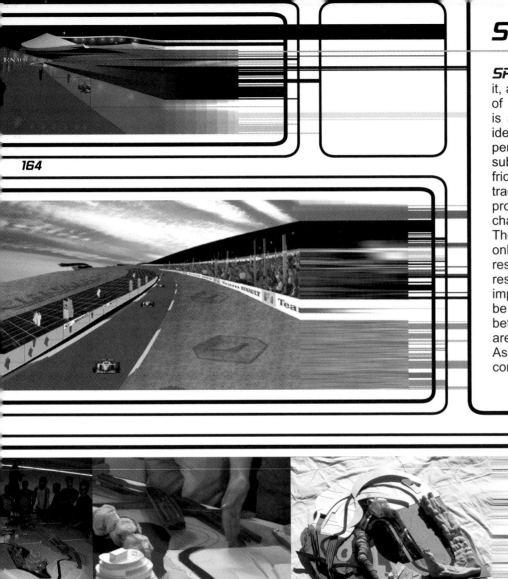

SECTOR 04

SPEED IS RELATIVE. Relative to the objects surrounding it, and relative to the empirical and psychological experience of the subject [or object] in the event. Time, of course, is an important factor, but in this case we will handle the idea not from a physics point of view, but rather from a personal reflection and conclusion. Although not necessarily subjective. It is a series of components that build speed and friction. In our case we decided that the sector in our race track with the most friction would be the trope to change program. The place where the animation of the building would change formally and programmatically.

The city will be built from the track to the building. Yet the race only happens for a few days a year therefore it must also respond to every day necessities and must contain, with the rest of the pieces, a rich program. In our case we considered important a work area, leisure and extreme sports. They will be related to one another and mixed within. To explain this better we must first describe the user or "adapted man" we are thinking of.

As described before, work and sport will be mixed. The inner core of our project will be for sports and the outer shell for work. Depending on the situation one will be bigger than the other. How that will happen will be described later. Well the important thing is that the interior spaces will flow out to the leisure area. So sports will be a part of everyday life. Maybe to go from an office to another on a skateboard, snowboard, or roller skates will be the best method. Others will prefer running and climbing. This way we pretend to motivate the extension of the human body with other artifacts, that will also relate with the architecture.

Our project will change depending on the input it receives.

Physical manifestations will change the morphology, that will react proportionally to the stimuli. Adapting itself better to suit the user or situation.

This will be achieved by making an interactive and sensitive building with built in sensors.

These sensors will respond to the car speed, car density, human density, wind, temperature and time of the day. Each of these will be controlled and then they will influence the façade, the interior and the topography. How they change is described in the flow chart with examples of different outlines and possibilities.

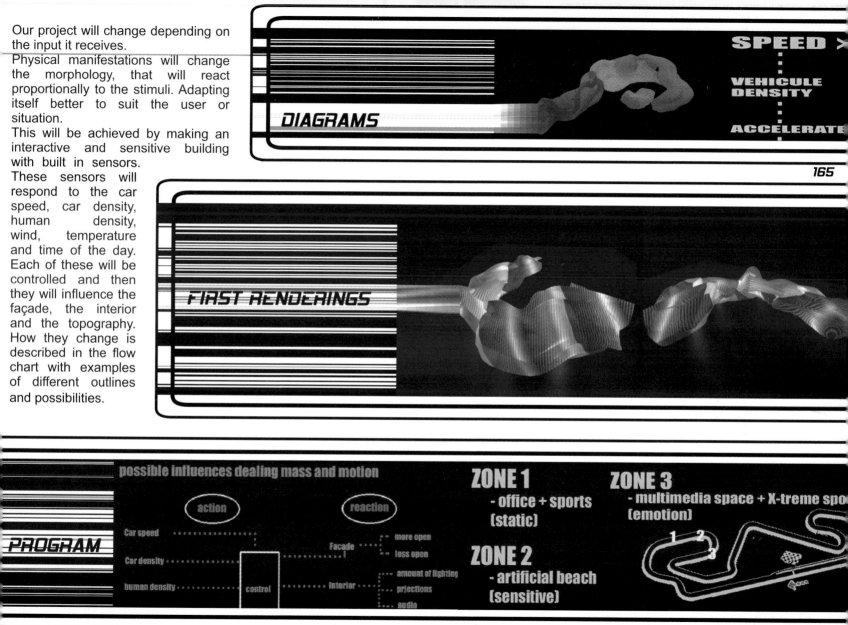

DIAGRAMS

SPEED

VEHICULE DENSITY

ACCELERATE

FIRST RENDERINGS

PROGRAM

possible influences dealing mass and motion

action   reaction

Car speed
Car density
human density
control

Facade
Interior

more open
less open
amount of lighting
prjections
audio

ZONE 1
- office + sports
(static)

ZONE 2
- artificial beach
(sensitive)

ZONE 3
- multimedia space + X-treme spo
(emotion)

1 2
3

>>FRICTION

ZONE 2

ALL DAYS

PEOPLE DENSITY

DECELERATE

$$\frac{F^2 + 2C}{D} = \text{beach area}$$

* F = TEMPERATURE C = HUMAN DENSITY D = WIND

PERFORMING STRUCTURES

	# CARS	DISTANCE (km)	WIND (km/h)	INTERACTION (hz)	POSIBILITY
8.00 a.m	1	2	30 →	500	
9.00 a.m	2	1-2	38 ↗	900	
10.00 a.m	2	3-4	42 ↗	800	
11.00 a.m	4	2-1-1-1	40 ↗	1200	

RACE DAYS

$$\Delta E = \Delta h$$

60dB   120dB   180

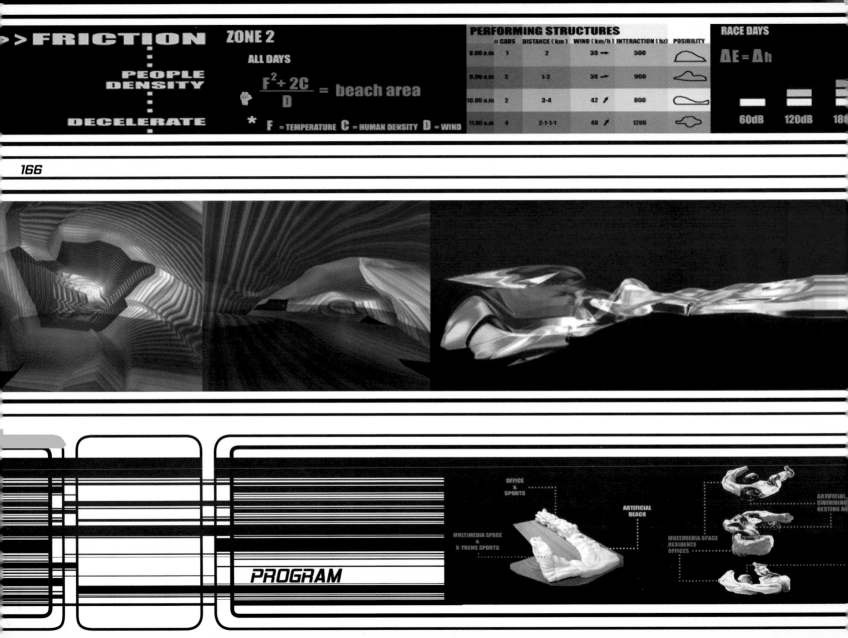

PROGRAM

OFFICE & SPORTS

MULTIMEDIA SPACE & X-TREME SPORTS

ARTIFICIAL BEACH

MULTIMEDIA SPACE RESIDENCE OFFICES

ARTIFICIAL SWIMMING RESTING A

MORE SOUND CAR - MORE ELEVATION

0dB   300dB   360dB

EVOLUTION OF THE MODEL

MAPPED RENDERINGS

SECTIONS

SECTION-ZONE 1 >>>
OFFICES / SPORTS

SECTION-ZONE 3 >>>
MULTIMEDIA SPACE / EXTREME SPORTS

SECTION ZONE 1 >>>
THE INNER CORE
BREAKS THE PROGRAM
TO THE OUTER SHELL

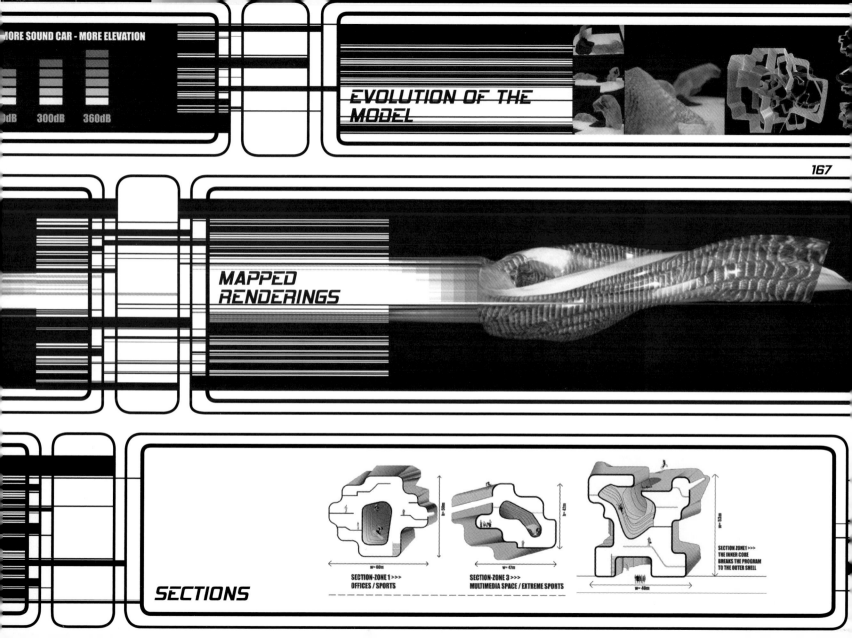

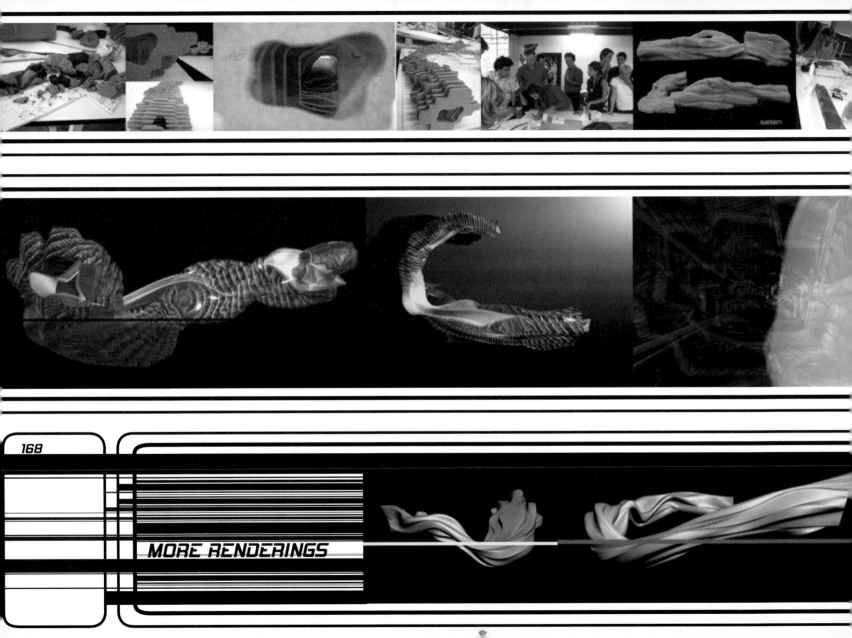

MORE RENDERINGS

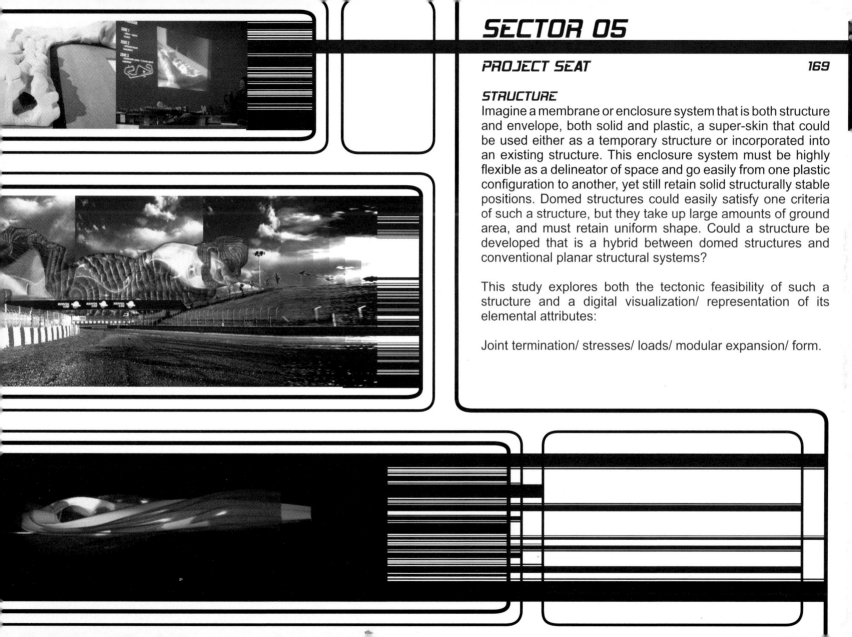

STRUCTURE

Imagine a membrane or enclosure system that is both structure and envelope, both solid and plastic, a super-skin that could be used either as a temporary structure or incorporated into an existing structure. This enclosure system must be highly flexible as a delineator of space and go easily from one plastic configuration to another, yet still retain solid structurally stable positions. Domed structures could easily satisfy one criteria of such a structure, but they take up large amounts of ground area, and must retain uniform shape. Could a structure be developed that is a hybrid between domed structures and conventional planar structural systems?

This study explores both the tectonic feasibility of such a structure and a digital visualization/ representation of its elemental attributes:

Joint termination/ stresses/ loads/ modular expansion/ form.

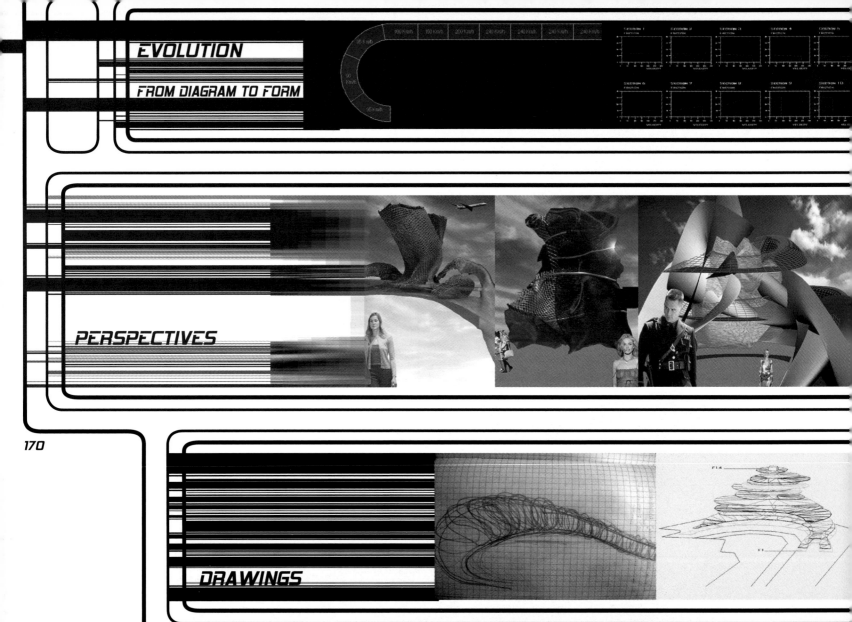

EVOLUTION

FROM DIAGRAM TO FORM

PERSPECTIVES

DRAWINGS

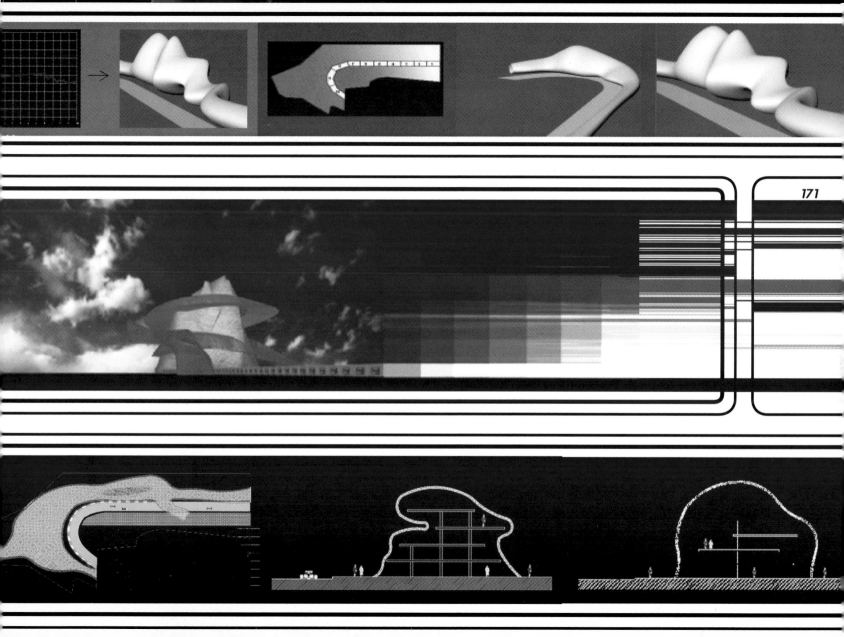

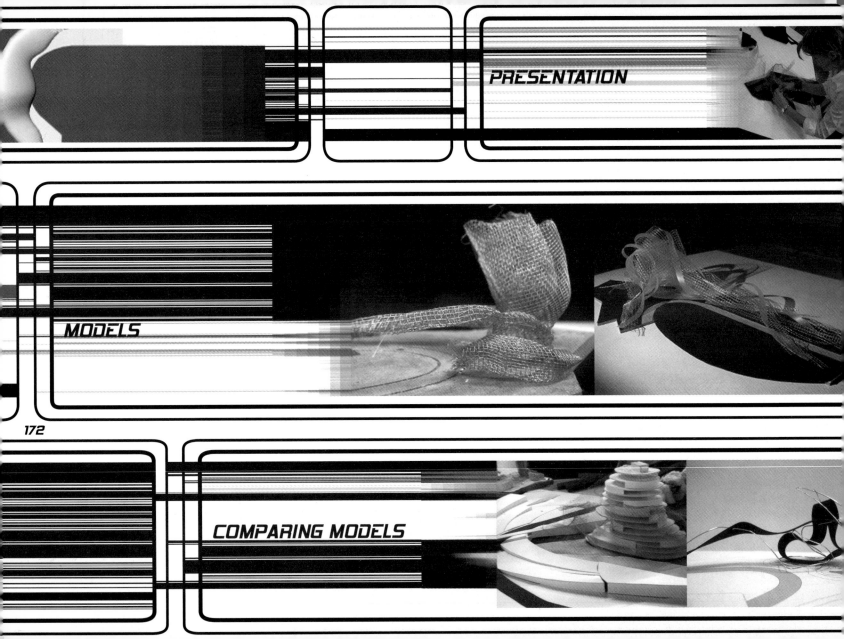

PRESENTATION

MODELS

172

COMPARING MODELS

SECTOR 06

COMUNICATION CENTER + CONNECTIONS

SPONSOR
ORANGE

BUILDING FUNCTIONS
connecting people, announcement, meeting point, telephone service, galleries, gasoline station, bus station, arrival point.

CONNECTIVITY
CONTINUITY
MOTION BLURRING

THE CIRCUIT LIKE A BODY
Expansion and contraction depending on the race.
The building is connected to the rest of the buildings.
The central point is where the cars have more speed; this is where info passes and connect the two buildings.

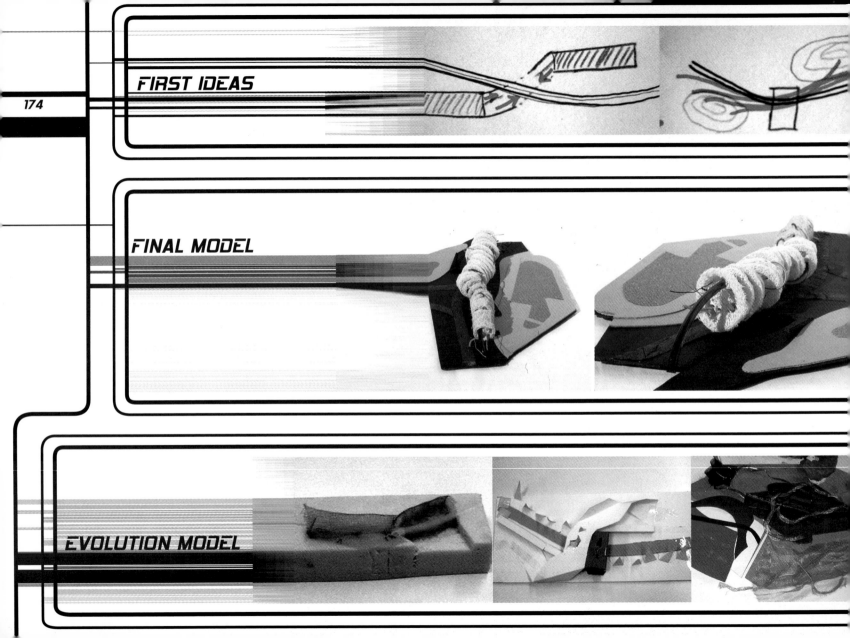

FIRST IDEAS

FINAL MODEL

EVOLUTION MODEL

SKIN-PROJECT FERRARI

TO PROGRAM A BUILDING, NOT TO DESIGN IT

We use parameters that define the building and change it in real time. There are many parameters in Formula 1 competition. We have chosen only three: temparature, sound and the density of people. These parameters make certain architectonic variations, ones for the circuit and others for the people who are watching.

INTERACTION WITH THE CIRCUIT

We know architecture is going to change the perception of the circuit.
We want to minimize the impact and control it.

INTERACTION WITH THE PEOPLE

We want to make an investigation center; dynamic building that changes in real time that studies people watching the race.

THE CONCEPT OF INTERACTIVITY AND CONNECTION IS APPLIED TO THE FACADE

The architecture is an interface between the race tracks and the public, re-creating the reality of the race experience through virtual processes.

We created a program able to transfer real time data from the race track into the architectural forms and interior experiences, using them as input sources.

The gateway of information and velocity are concepts resulting from the real time race, relaying the messages to the virtual interior.

The interior tubes are formed based on the basic architectural principles, connecting the various building sections. The tubes and connections assist the information and sensation transfer from real time to the virtual world.

The interior spaces adapt to the form of each building section, and change with the race track inputs.

CITY/ COMPETITION/ INTERACTION

The city will be generated from the different parameters from the track. The race will continuously change, resulting in the appearance of a newly emerged city.

WE WORKED WITH THREE PLANS TO CREATE THE CITY GRID

The section of track that create the most intense velocity, inertia, and acceleration/ braking of the vehicles.

The opposite section of the track create areas of large open space, ideal for public gathering, connecting adjacent areas of the city into one centre.

The private spaces are where the virtual sensations occur. The tubes allow the private spaces to eventually connect with the larger public spaces, creating a dynamic experience through the city. Tubular sections join an irregular section.

DURING THE COMPETITION

The driver that enters the track space of sector 7 will have his perception altered. The building structure is spaced in sections and each section is relative to the velocity of the driver at a certain point. The driver is going to encounter these modified perspectives of the new city, which are orientated to give the illusion of one moment. This is to display how speed is relative. A driver travelling at 120 km/hour may feel like he is standing still, this track is designed to give this experience to a driver travelling at 340 km/hour. This experience directly juxtaposes the experience encountered within the building, where static persons experience feelings of movement through interface with the virtual environment.

The form of the building is created by the extreme situations that form the sector 7 race track [braking, inertia, acceleration, and curves], in particular to the s-curve form the track takes here. The perspectives are cut where the driver brakes to take curves and change with the increase of velocity. Through these cuts, heat and noise penetrate the city, passing through the interior and into the landscape, in turn deriving the form of the city. The interaction between the city and competition is in the two meanings.

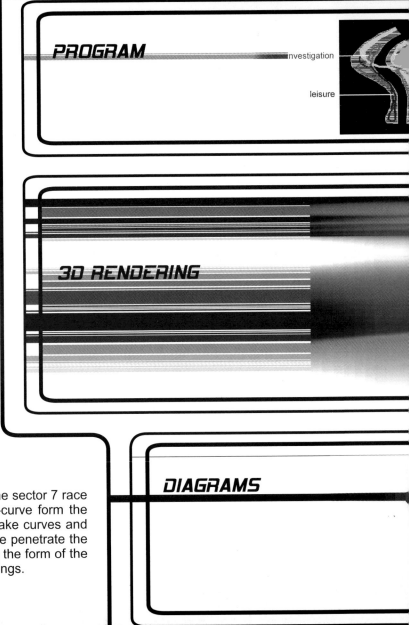

PROGRAM — investigation — leisure

3D RENDERING

DIAGRAMS

track
s all tubes

The yellow
track is the
central one,
wich conect
with all of the
tubes.

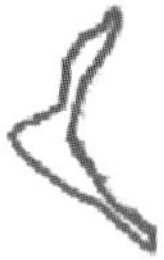

Tube of
services

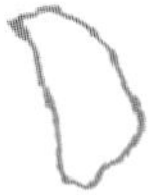

Tube of
investigation

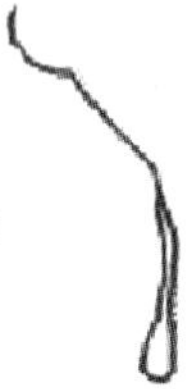

Tube of
leisure

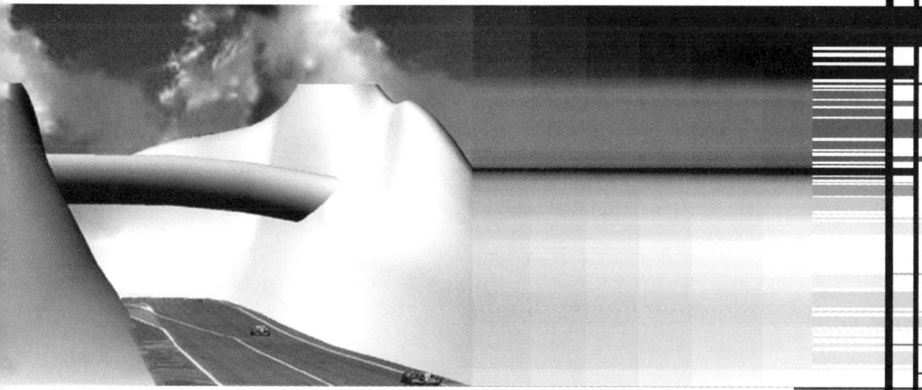

MORE
RENDERINGS

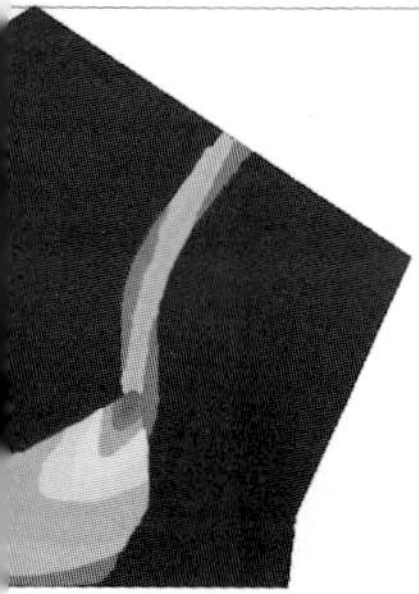

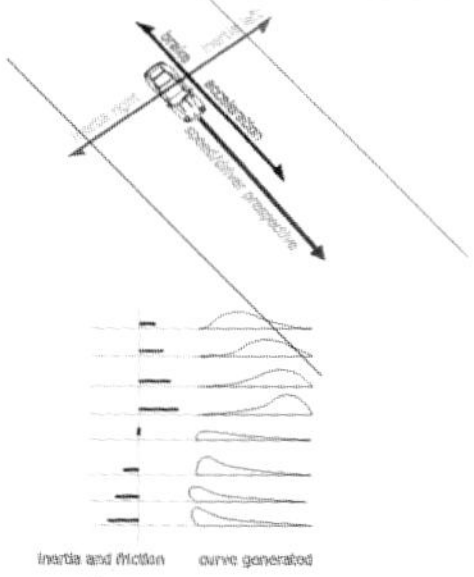

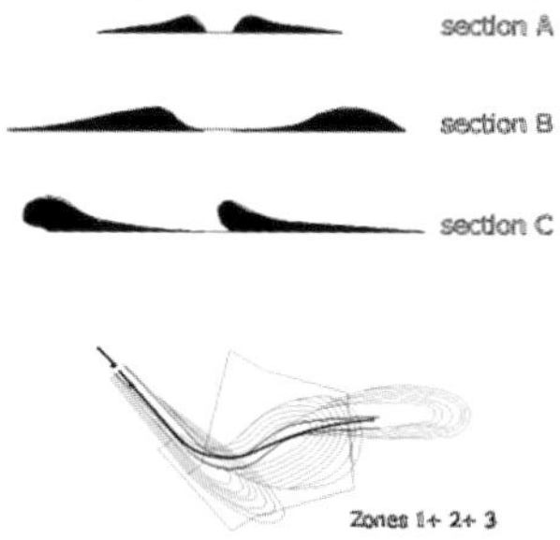

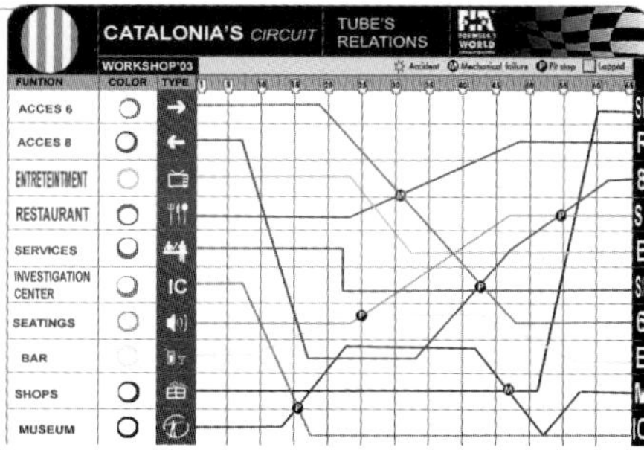

section A

section B

section C

Zone 1

Zone 2

Zone 3

Zones 1+ 2+ 3

inertia and friction   curve generated

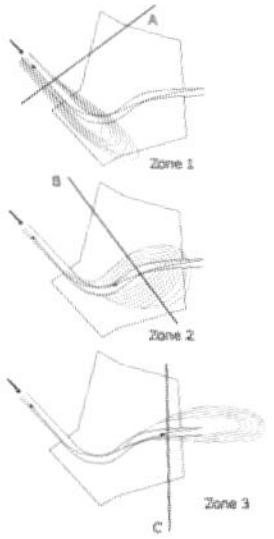

CATALONIA'S *CIRCUIT*	TUBE'S RELATIONS			

WORKSHOP'03

FUNTION	COLOR	TYPE
ACCES 6	○	→
ACCES 8	○	←
ENTRETENIMENT	○	
RESTAURANT	○	
SERVICES	○	
INVESTIGATION CENTER	○	IC
SEATINGS	○	
BAR	○	
SHOPS	○	
MUSEUM	○	

CONCEPT SKETCHES

function and activities diagram

public   private   competition

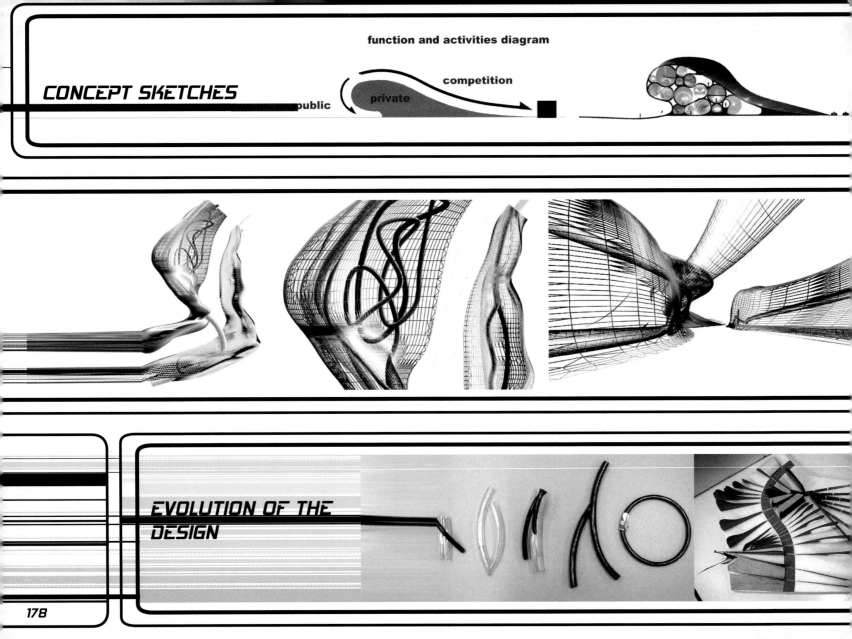

EVOLUTION OF THE DESIGN

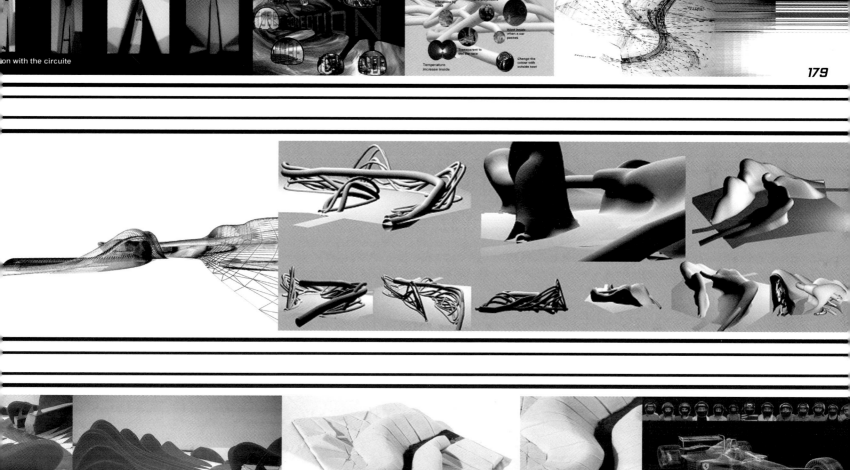

on with the circuite

The interactions

Form change

Vibrations by noise

Race projections

Wind inside when a car pasties

Transparent to the race

Temperature increase inside

Change the colour with outside heat

ferrari

SECTOR 08

SPEED & SOUND

The sound is the base of our city, where the diagrams create sinuosities to us that are forming the different zones that exist. According to the zones we have divided the places where we think that the positioning of the houses is but appropriate, commerce, offices and hotels.

CONCEPTS

SPEED

The speed propagates with the sound, depending on the material that serves like transport means. Any alteration of the properties of the material, like its temperature, density, etc., varies the speed of propagation.

SOUND

Vibrations transmitted through an elastic solid or a liquid or gas, with frequencies in the approximate range of 20 to 20,000 hertz, capable of being detected by human organs of hearing. Hertz is a frequency unit that corresponds to a cycle by second. These transmitted vibrations arrive at the internal ear through the air.

FORMULA AND DIAGRAMS

3D RENDERINGS

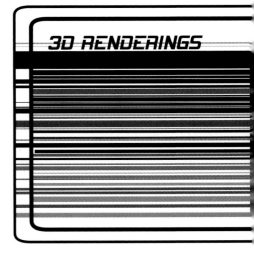

NOISE

Is a complex sound, a mixture of different frequencies or notes in harmony.

SENSATIONS/FEELINGS

A speed sensation transmits an indefinite and unfinished form. In this place all the elements interact and become harmonious.

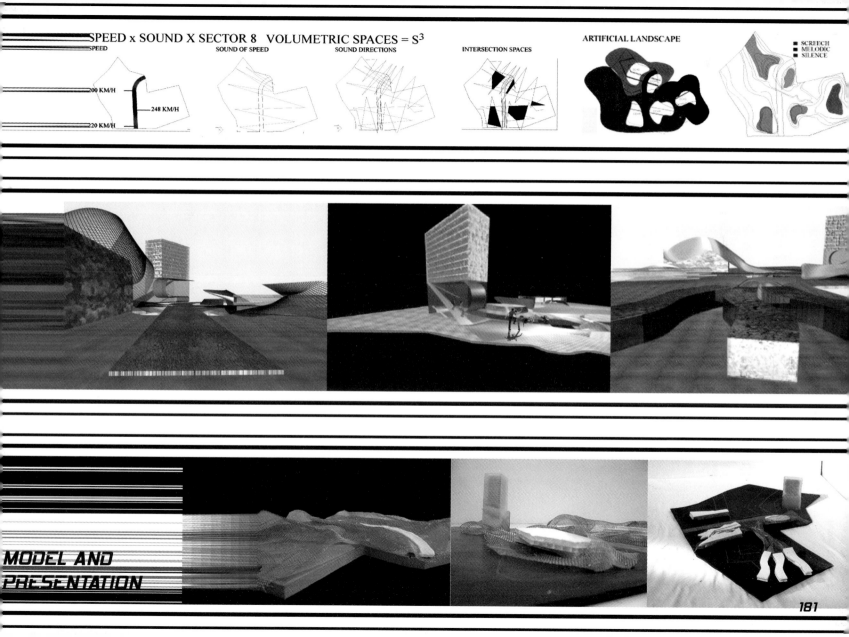

SPEED x SOUND X SECTOR 8   VOLUMETRIC SPACES = S³

SPEED

200 KM/H

248 KM/H

220 KM/H

SOUND OF SPEED

SOUND DIRECTIONS

INTERSECTION SPACES

ARTIFICIAL LANDSCAPE

■ SCREECH
■ MELODIC
■ SILENCE

MODEL AND
PRESENTATION

ORGANISATION OF THE SITE

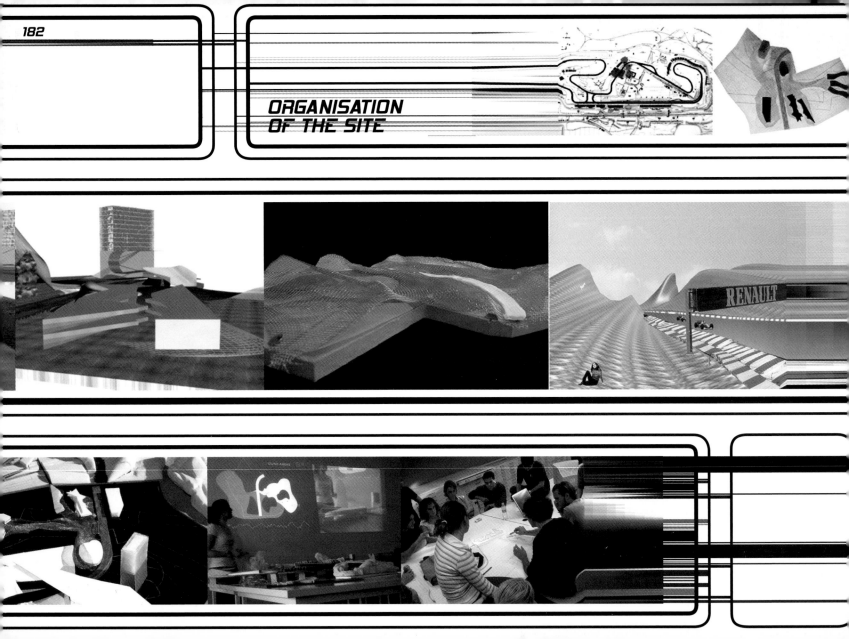

SECTOR 09 X-PERIMENTARIUM

Diagram 1 (hear)

Driver — Speed — Friction — hear
- hear → vibration
  - vibration → Imitating tactor
    - Imitating tactor → stress
    - Imitating tactor → crazy
      - crazy → creativity
      - crazy → mad
  - vibration → relax
    - relax → Positive energy
      - Positive energy → creativity
    - relax → calm

Diagram 2 (Smell)

Driver — Speed — Friction — Smell
- sick
  - experience
  - leave
- nice
  - memory
  - satisfaction
    - want more
      - calm
        - positive
        - bored
      - overdose
      - control

Diagram 3 (taste)

Driver — Speed — Friction — taste
- experience
  - slow
    - New taste
    - All senses
      - possitive
      - negative
  - fast
    - Bad feeling
    - Want more
      - Negative effect

Diagram 4 (touch)

Driver — Speed — Friction — touch
- Sensitive sensor
  - Unknown effect
    - Good
    - Bad
  - Joyable
    - Physical
      - Relax
      - Sexual
    - Mental
      - Creativity

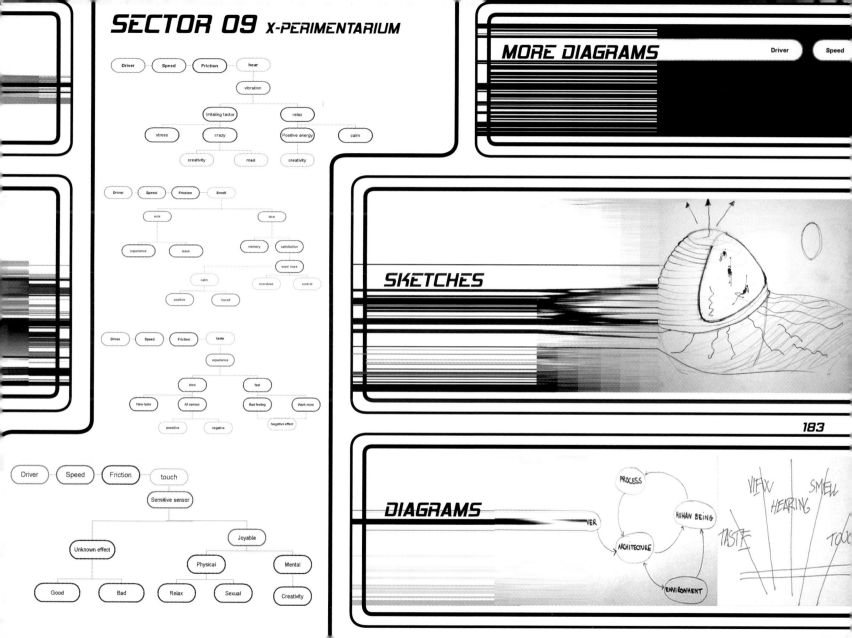

MORE DIAGRAMS

Driver   Speed

SKETCHES

183

DIAGRAMS

PROCESS
...ER
ARCHITECTURE
HUMAN BEING
ENVIRONMENT

VIEW   SMELL
HEARING
TASTE   TOU...

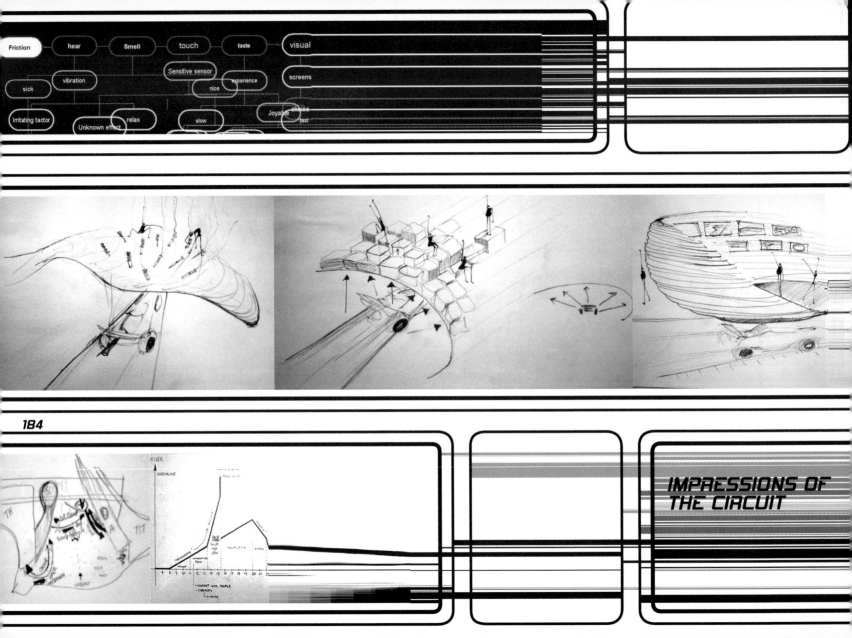

Friction | hear | Smell | touch | taste | visual

Sensitive sensor | experience | screens

sick | vibration | nice

Irritating tactor | Unknown effect | relax | slow | Joyable choice | fast

IMPRESSIONS OF
THE CIRCUIT

MODELS

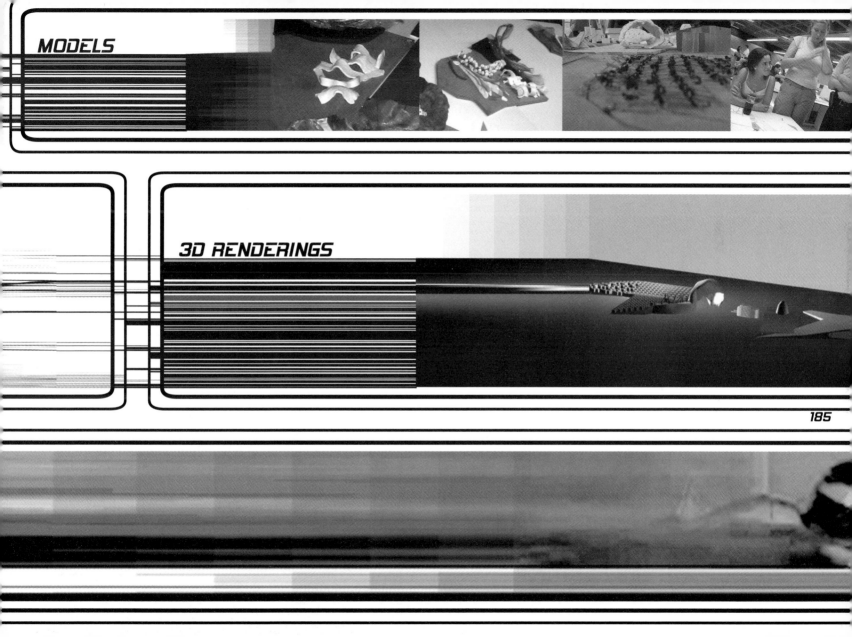

3D RENDERINGS

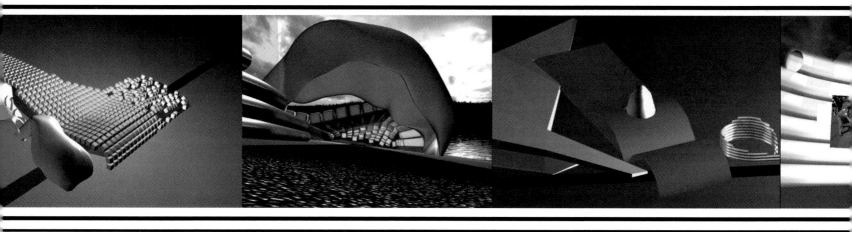

Circuit de
Catalunya

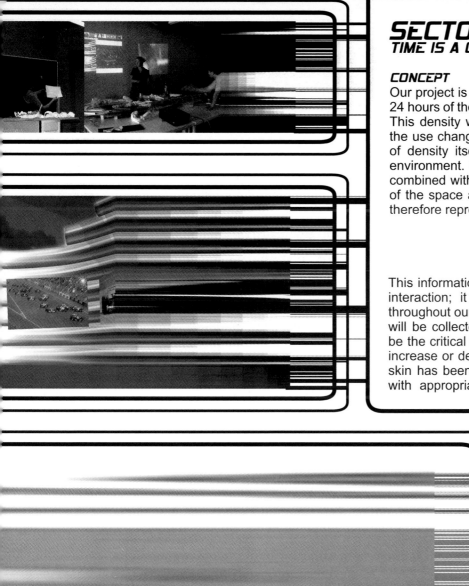

SECTOR 10
TIME IS A CRITICAL FACTOR

CONCEPT

Our project is based on time; time is a critical factor. This time is based on the 24 hours of the clock that will describe the use, and create the flexor of density. This density will be a product of the time minus the use; as time transpires the use changes. The use is provoked out of time and density. The definition of density itself can be observed in the interaction of the crowd with the environment. Space can also be defined as a qualification of the specific use combined with the intensity of this density. This density is truly an interaction of the space and use. This use in isolation equals space minus density and therefore represents a ratio.

$$space - use = time - use$$
$$space = time$$

This information comes from the track or from local traffic, or from pedestrian interaction; it comes from density. Sensors will transmit this information throughout our interconnected and reactive built environment. This information will be collected from a variety of sources; sounds, light and movement will be the critical indicators. They will make the ground move. The structures will increase or decrease as the new information is received. This ever-morphing skin has been conceived and configured to be attached three dimensionally with appropriate mechanisms that will permit responsive movement. The flexible outer OLED screen skin emulates pixels as it transmits information through its squared epidermis.

Also time is responsible for the systematic execution of activities and prescribed functions that are locally specified in place and changing temporally.
For example the discotheque for midnight to 8 am. the cafeteria opens from 8 am. to 5 pm. and the interactive toy museum 10 am. to 7 pm. This specification of time usage will ensure the flux of people through the day; a planned multi-use environment. This will also ensure increased connectivity and interactivity with the rest of the city. This morphing of space also directs and reacts to the fluctuations of the use.

The choice of functions, both the central discotheque and supporting secondary design solutions within the program further solidify our desire for interaction within the environment and with the rest of the city. The variety of uses and users insures a cross-section of users that fits within our preconceived notion of 24-hour usage. The environmental interactivity of the space is an important aspect of our program; interactivity has been a vital design intention since the inception of team X.

DIARY

The dynamic design process of this experience was certainly one of the most successful aspects of this project. Examination of design process is always insightful in that it provides direction for future design projects by identifying weaknesses and strengths.

SATURDAY

On this first day of the taller vertical working groups we managed to accomplish a number of things.
Our first task was to look at our specific site, corner 10 and begin to get a sense of the context of this project, as well as an opportunity to get acquainted our colleagues.
Our second task was to write a few sentences explaining our own personal vision for the corner. These ideas were discussed within the group by the tutor and key points were identified as being possible potential design directives. These key points included some of the following:

- visual perception of the driver at each moment of his progression through our corner could inform the form of our topography and structure.
- the inclusion of the concept of pixelation to suggest and reinforce the context of information transfer.
- an urban structure influenced by molecular forms.
- visual information communicating the spectators with the driver.
- a city like a theatre; the city is the backdrop for the event.
- the intensity of the structure should diminish relative to the reduced speed in the corner.

- our corner isn't the most exciting corner, in the track, and it is not as fast as the straight away; as a result our design solution could become the focal point of the track.
- vertical structure spacing in the design could be a reflection of speed in the corner of the track.
- the design could celebrate the reduction of speed as transmitted to sound as result of our curve.

Using ideas generated in the key points and utilizing other influences we went on to form giving. We used plasticine to individually create a form that we felt defined the space. This process caused mass heated design debate. Should the design of the corner, the compilation of all our forms act in just one direction? Was it really feasible to join all of our forms together and expect to achieve a cohesive form? How could we choose our form? How could we justify our design direction? What were our motives? There was much debate..

SUNDAY

On the second day of the taller vertical we started the morning by continuing to disagree about the direction that our project's form should take. We did some sketching and some of us continued to work with plasticine form giving. We started to talk more constructively about what and how in the context of our city and our corner; the program was beginning to evolve for a project. However, our ideas and objectives were still very divided. Our tutor suggested that we visit the track. This is an extremely important to the progression of our design direction. For those of us who were here and made the trip, we found our space to be considerably smaller than we had anticipated. A number of us spent the rest of the afternoon photographing and videotaping the track, really getting a sense of our corner. This site visit was quite informative and liberating to both the direction of the form and possibilities for primary and secondary functions for space.

MONDAY

Monday was characterized by three specific projects.
Research on sound waves and other assorted possible technologies and inspirations.
Our second task was the mad panic to assemble our aggregation of

ideas into a suitable presentation for the afternoon's assembly. This process included creating video and a PowerPoint presentation. The video was intended to describe our intended proposed multi-with sensory environmental design.

TUESDAY

Our central theme has come to be characterized by diversity. Our intention is to produce variations in density through a diversity of land-use characterized by the rotation of use, thus insuring that our space will be occupied throughout the day and night. This concept of multi-use planning started with the dynamic central disco. The function of the disco as the nocturnal focal point is important to the vitality of the area. We were in the process of identifying different functions that could work together, cohesively within the context of our diversity theme. For example, the central surface area surrounded by the Formula One racetrack's turn 10 will provide a playground for children and green space by day; while its subterranean function is that of a discotheque and later and after party swimming pool (6 a.m.). We were also in the process of identifying specific peripheral zones used during the day for specific activities.

like one coin with two faces:
day-surface
night-underground

playground
disco
swimming pool

We assembled collection of inspirational graphics and information to assist us in our design process development; some of these themes include neuron transfers, synapses, RNA, DNA, alien and space themes, to introduce a few.
We embarked in extensive investigation of actual technologies to build our dynamic disco. We have identified a number of solutions to the ever morphing outer skin, as well as some sources for interactive experiential environments; to be comprised of resources both tangible and virtual combined.

Some of the technologies that have been identified and the task of representing them in the context of our program has commenced. The process of graphically representing the essence of the space in the perspective of the user looking out has also commenced; how do we express the essence of our space? We have also started to investigate modeling structures for expressing the fluidity of our morphable outer skin in 3D.
CAD drawings and animations helped us to define our space and understand the technology.

WEDNESDAY

The objective for today was to maintain the idea of park and discotheque-as we discussed yesterday
-day life
-nightlife

There is a need to develop satellite uses. We identified two secondary functions for our site, through extensive debate; a kid museum, open to visitors at specific times, and a cafeteria. The objective of this was to have a rotation of uses and to obtain a complete 24-hour of multi-use. We came to the design decision that the specific shape of the ground will allow us to create entries to the disco and form the satellite uses when they are being utilized.

The creation of the flowchart helped to solidify their design direction as follows:

Information flowchart -as our project is based on time; **time** is a critical factor. Time in the context of our program considers the 24 hours of the clock as a means for describing the use of the space and creating fluctuations in density. This measure of density will be a product of the time minus use; as time goes by the use of the space changes. The use itself is a provocation of time and density. The definition of density itself can be observed on many levels of interaction between people with the environment. **Space** can also be defined as a qualification of the specific use combined with the intensity of the density. This density is truly an interaction of the space and use. Use in isolation equals space minus density and therefore is a ratio minus use equal time minus use. Thus space equals time.

information flowchart

time = use + density
density = time - use
use = time - density
space = use + density
density = space - use
use = space - density
(space – use) = (time – use)
therefore **space = time**

Solutions have been found for expressing the final structural form of the reactive morphable structure in 3-D and work on the components for the 1:500 scale model have commenced in earnest.

THURSDAY

In the morning we met with our tutor and verified our final design solution; there were a few final decisions on how to connect to the next group, team number 11. Then it was on to the final push, getting the project finished in time for the presentation tomorrow. We were hoping to be able to explain our design solution through a combination of the following media:

PowerPoint presentation-this will include sketches, the flowchart, photos, photos of the models, CAD drawings, animations, sound and video to try and accurately express our design intention.

SKETCHES

PERSPECTIVES

TECHNICAL CONSIDERATIONS

how to suggest immersive sensory experiences

contrasting aspects of an experience

interactive video installations

"the experiential nature of media technologies"

"the designer does not manipulate experience; the experience is in the mind of the viewer"

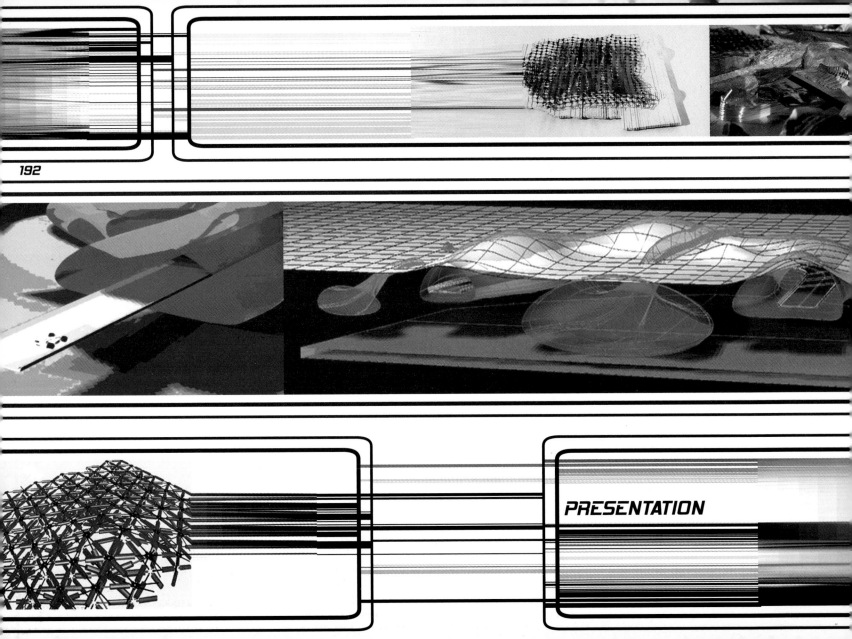

PRESENTATION

MODELS

FAST RESORT

Después de haber estudiado el circuito de Cataluña y en concreto el tramo nº11 que corresponde a una curva, hemos querido conseguir un edificio con unas formas determinadas que responden a un estudio de parámetros físicos y metafísicos.

3D RENDERINGS

Principalmente nos hemos centrado en el estudio del concepto de fuerza centrifuga, basándonos en la variación de velocidad que existe en los distintos puntos de contacto de la curva; así como la variación de dicha fuerza. Estos valores son los que nos van a ayudar a definir nuestro futuro edificio. El estudio se hace a partir de diferentes vehículos: F1, F3000, motociclismo y ciclismo. A partir de los valores obtenidos en las distintas gráficas de velocidad-tiempo de los vehículos citados, obtenemos los perfiles que van a configurar y a moldear nuestro edificio. Además de los parámetros físicos hemos introducido las sensaciones que experimenta el piloto debido a la fuerza centrifuga que genera la curva, es decir estudiando la situación de distintos puntos de la curva y las distintas fuerzas que experimenta, el piloto percibe distintas sensaciones.

Estas sensaciones las queremos representar mediante variaciones de colores dependiendo de la intensidad de la sensación.

Un tercer parámetro que hemos introducido en este proyecto es la representación del flujo de circulación dentro de nuestra curva en distintos casos, esto nos permitira definir el volumen de nuestro edificio, por lo tanto el volumen será proporcional al flujo de circulación en cada instante de la curva.

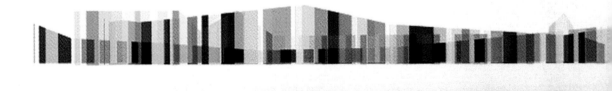

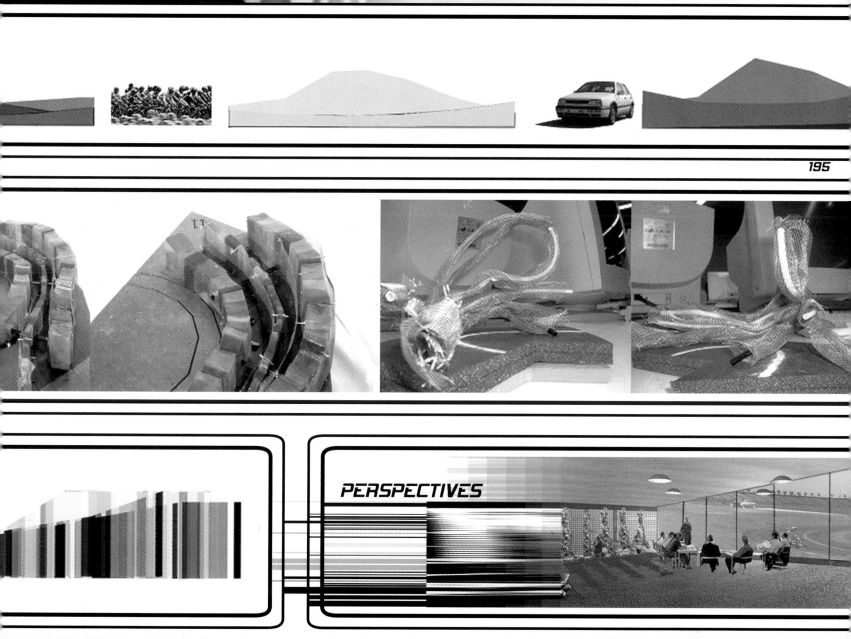

PERSPECTIVES

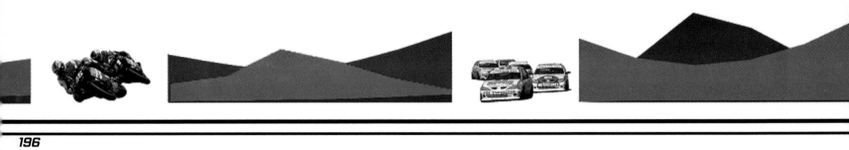

PRESENTATION

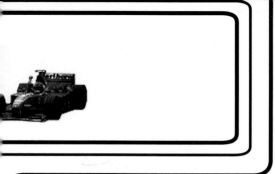

SECTOR 12

THE GLOVE

PROGRAMME
Hospital
Spectator stands
Garden and parking rings
Apartaments and offices
Access

BUILDING AMBITIONS
- To give spectators, residents and hospital patients a race experience.
- To absorb the roaring energy and movement of the race car, transforming it to the quiet of a hospital.
- To materially register the passing race cars energy.
- To transform movement into information streams.

FORMULA
$Y = R*(v/d^2)*\sin(w*t)$

VARIABLES
- R: , Rhosp=1 , Rcirc=0.5
- v: car´s speed
- d: distance between car and skin
- w: angular speed
- t: time
- y: skin´s position

t	v	d	v / d 2	y hosp	y circ
1,0	235,0	1	117,500	-45,069	-63,922
1,2	237,5	3	39,583	-4,424	-21,239
1,4	240,0	5	24,000	6,307	23,775
1,6	242,5	7	17,321	6,855	-4,987
1,8	245,0	9	13,611	2,244	-10,222
2,0	247,5	11	11,250	-2,448	10,271
2,2	250,0	9	13,889	-5,556	-0,123
2,4	252,5	7	18,036	-3,871	-16,333
2,6	255,0	5	25,500	4,286	19,445
2,8	257,5	3	42,917	17,005	11,626
3,0	260,0	1	130,000	33,815	-128,444

3D RENDERINGS

MODELS

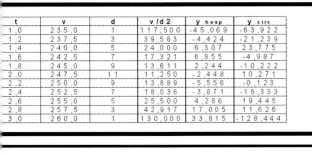

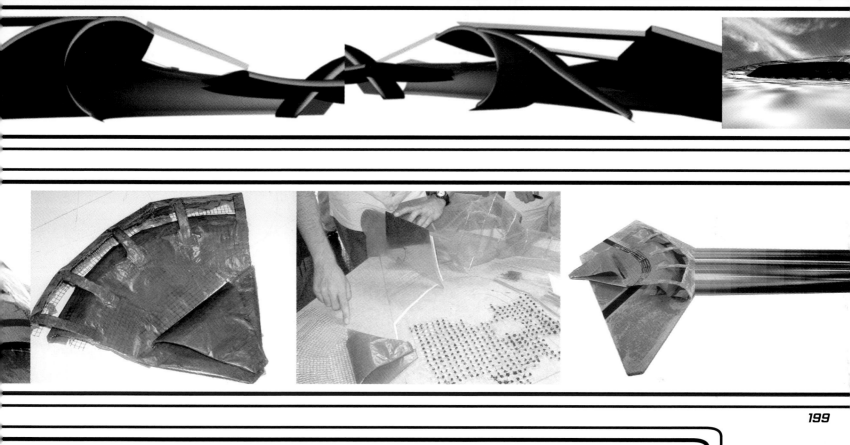

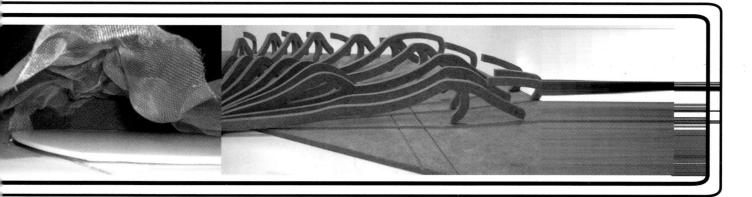

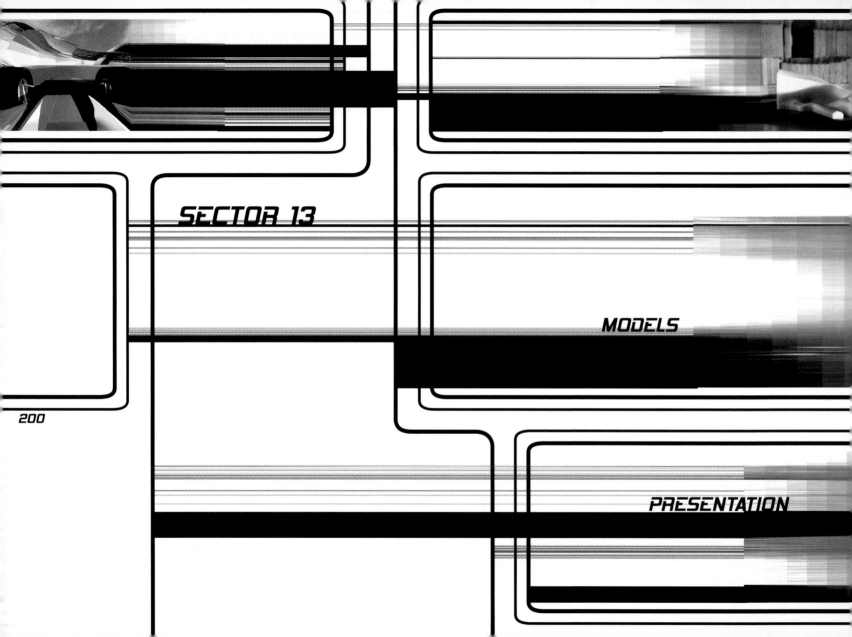

SECTOR 13

MODELS

PRESENTATION

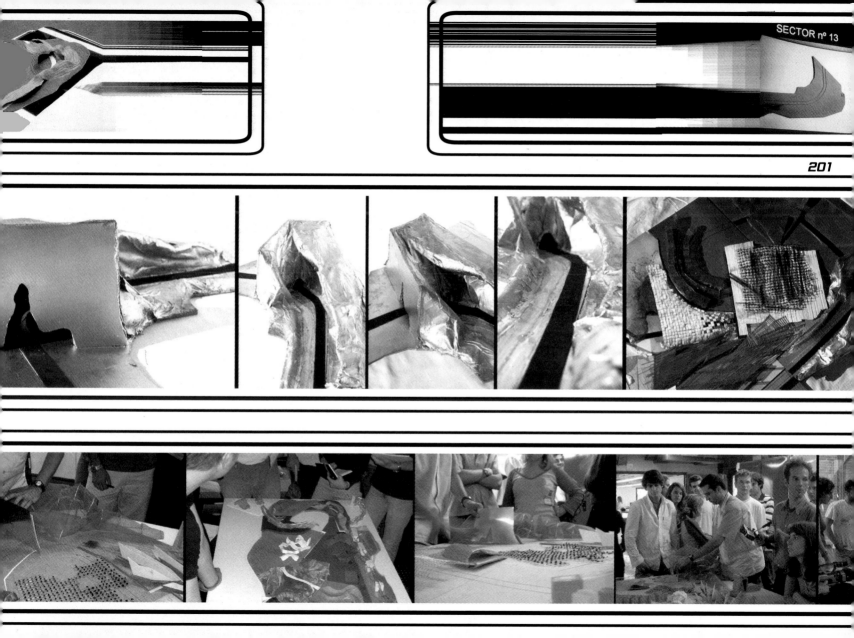

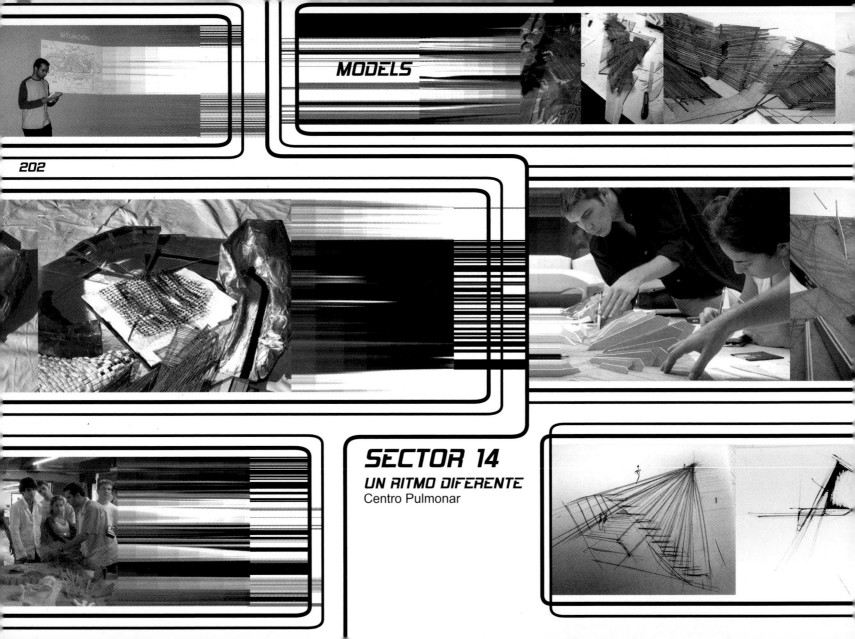

MODELS

SECTOR 14
UN RITMO DIFERENTE
Centro Pulmonar

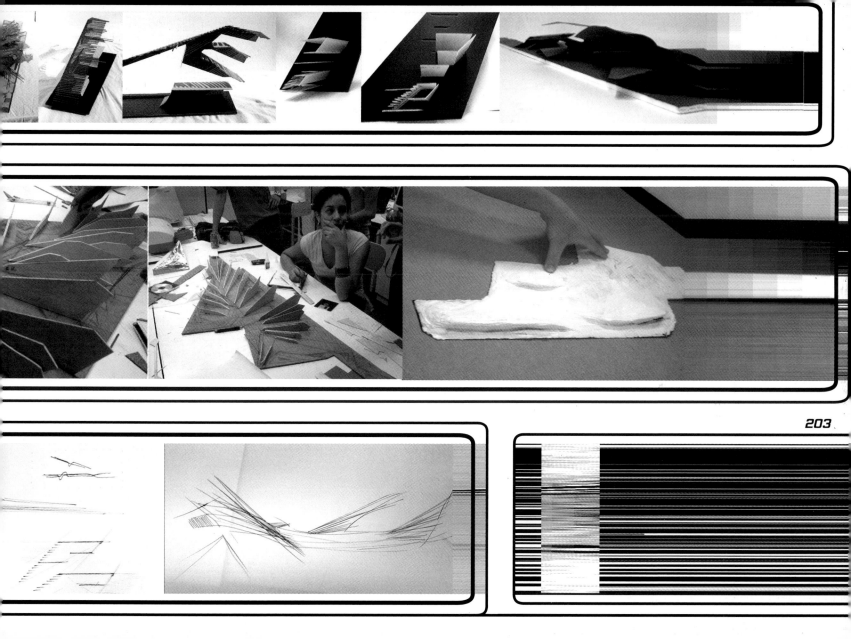

Barcelona Speed and Friction
Taller Vertical 2003-2004
September 25 - October 3, 2003

ESARQ - Universitat Internacional de Catalunya
Delft University of Technology - Hyperbody Research Group
ONL [Oosterhuis_Lénárd]

Organization
Kas Oosterhuis (Director Taller Vertical)
Ilona Lénárd (Visual Artist, Guest Critical)
Alberto T. Estévez (Director ESARQ)
Affonso Orciuoli (Coordinator)

Assistants
Michael Bittermann, Jaume Blancafort, Pietro Caruso, Gijs Joosen,
Chris Kievid, Fabrizio Leoni, Alexander Levi, Joan Pascual, Ignasi
Pérez Arnal, Armanda Schachter, Joan Tous, Misja Van Veen

Guest lecturer
Christian Babler Font, Bert Bongers, Miquel Verdú

Digital Architecture Laboratory ESARQ
Affonso Orciuoli, Maruan Halabi, Natalia Botero

Barcelona, Spain

PARTCIPATING STUDENTS

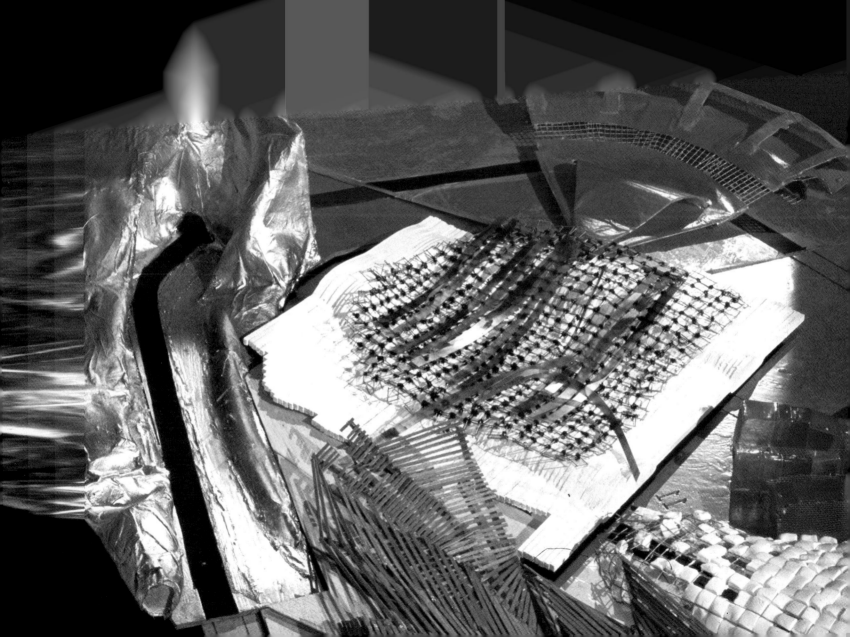

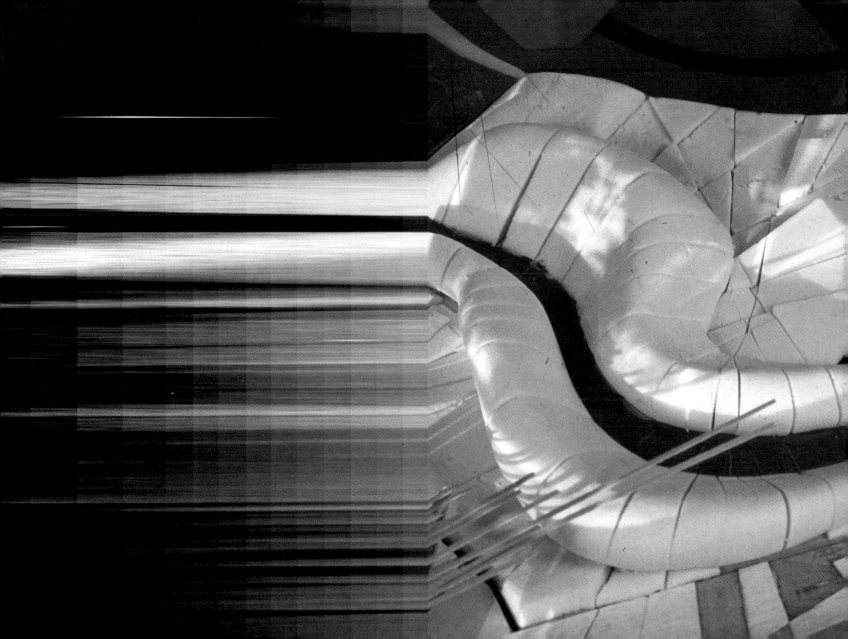

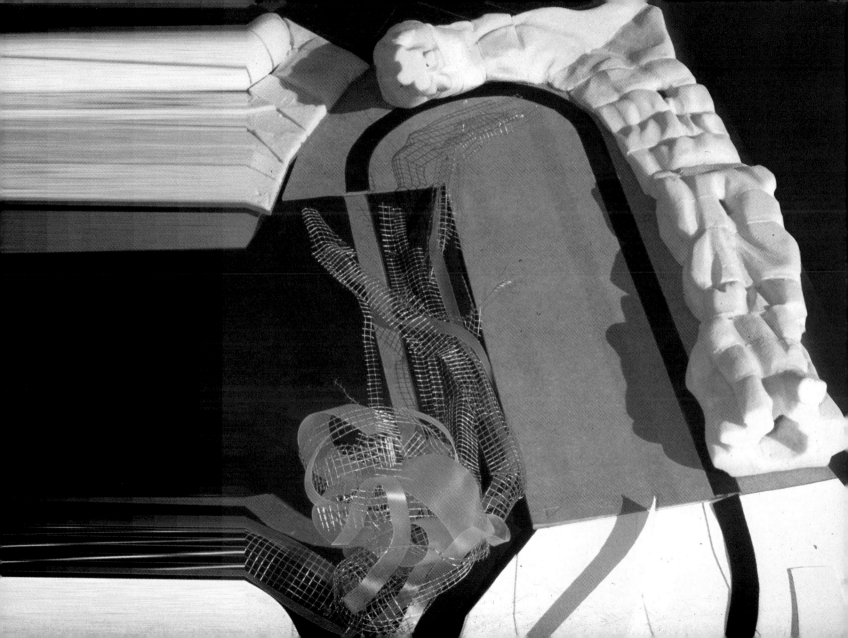

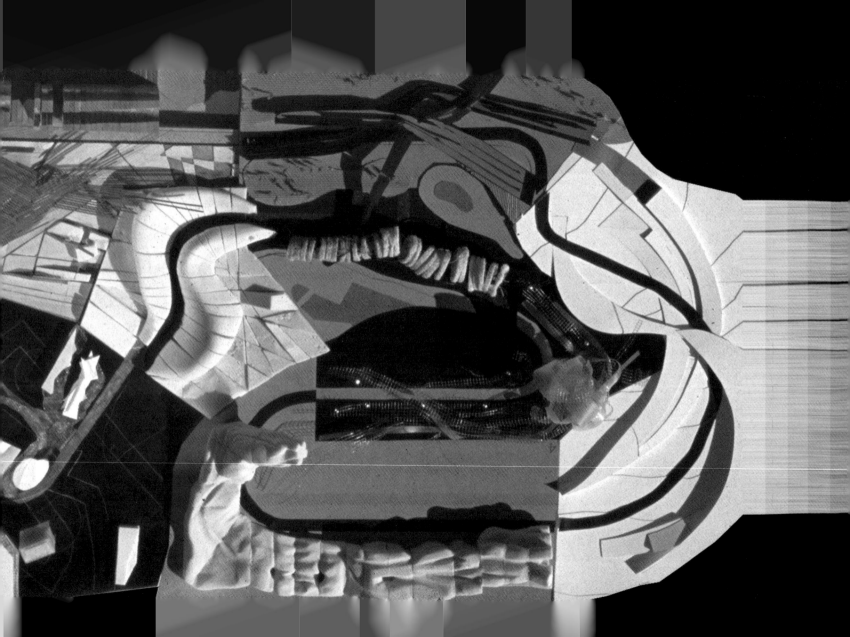